시루의 대체불가 토지 투자법

시루의 대체불가
토지 투자법

초판 1쇄 발행 2022년 3월 25일
초판 3쇄 발행 2022년 4월 13일

지은이   시루(양안성)
발행인   곽철식

책임편집 김나윤
디자인   박영정
펴낸곳   다온북스
인쇄   영신사

출판등록 2011년 8월 18일 제311-2011-44호
주소   서울시 마포구 토정로 222, 한국출판콘텐츠센터 313호
전화   02-332-4972   팩스   02-332-4872
전자우편   daonb@naver.com

ISBN 979-11-90149-75-4 (03320)
값 18,000원

• 다온북스는 독자 여러분의 아이디어와 원고 투고를 기다리고 있습니다.
  책으로 만들고자 하는 기획이나 원고가 있다면, 언제든 다온북스의 문을 두드려 주세요.

2천만 원으로 8억 원 버는
마법의 포트폴리오 7가지

시루의
대체불가
토지
투자법

시루(양안성) 지음

다온북스
DAON BOOKS

일러두기

- 이 책에 등장하는 인물은 모두 가명입니다.
- 이 책에서 언급하는 특정 지역의 토지는 토지 투자를 위한 사례일 뿐, 해당 지역의 토지 투자를 권유하는 것이 아닙니다.
- 이 책을 읽는 독자 여러분은 저자의 투자 방식과 노하우를 참고해주기를 바라며, 투자에 대한 선택과 책임은 독자 여러분에게 있음을 알려드립니다.
- 토지의 단위는 m²를 쓰려고 노력했으나 상황에 따라 '평'과 혼용하여 표기했습니다.
- PART7에서는 '산지'라는 표현이 좀 더 정확하나 내용 전달에 큰 무리가 없으므로 편의상 '임야'라는 표현을 구분 없이 사용했습니다.

추천사

최근 주택을 통한 부동산 투자는 세금 중과 등으로 어려운 것이 현실이다. 이런 상황에서 주택 수에 포함되지 않는 토지 투자를 통해 자산을 늘리고 농지연금 등으로 현금 흐름까지 창출할 수 있는 비법을 담은 책이 나왔다. 특히 실제 투자사례를 수록해 토지 투자에 더욱 쉽게 다가갈 수 있도록 구성했다. 토지 투자에 새로운 패러다임을 제시하는 이 책을 강력히 추천한다.

-최진성(아이언키) 리얼엑스퍼트 대표,
『재개발 모르면 부자될 수 없다』『부동산 모르면 부자될 수 없다』 저자

부동산의 여러 분야 중에서 가장 어려운 분야가 토지다. 법률 규정이 서로 얽혀 있고, 이론만 공부해서는 알 수 없는 내용이 너무 많기 때문이다. 이러한 어려움을 극복할 수 있는 역저가 출간되었다. 이론과 실무를 겸비한 저자의 아낌없는 노하우가 책에 녹아 있다. 이 책은 토지 투자를 하고 싶지만 두려움에 망설이는 분들에게 수평선 너머에서 떠오르는 한 줄기 빛이 될 것이라 믿는다.

-박종철, 세종사이버대학교 부동산자산경영학과 교수

단 1페이지의 낭비도 없다. 불필요한 요소는 모두 배제하고 철저히 실전에서 다져진 경험만을 녹여냈다. 지난 십수 년간 저자가 얼마나 열정적으로 살았는지 알기에 이 책은 더욱 값지다. 토지 투자를 하고 싶지만 어떻게 시작해야 할지 모르는 분들에게 큰 도움이 될 것이다.

-권영준(백원), 실전 투자자

저자는 어려운 내용을 쉽게 설명하는 탁월한 능력을 가졌다. 그래서 어렵게만 느껴지는 토지 투자도 쉬워 보인다. 2천만 원으로 8억 원의 수익을 올린 사례는 환상적이다. 저자가 알려주는 방법에 귀를 귀울이다 보면 어느새 나도 할 수 있을 것이라는 자신감이 샘솟는다. 우리 모두 좋은 토지 한 필지씩 가지고 있는 모습을 상상하며 이 책을 썼다고 하니, 독자에 대한 저자의 마음이 진심이다.

-이원재, 대구 해봄부동산아카데미 회장, 실전 투자자,
『발칙한 발상이 부동산 성공 투자를 부른다』 저자

우리는 막연하게 토지 투자가 어렵다고 생각합니다. 시작이 어렵지 제대로 알고 나면 오히려 나의 장점이 되어 수익을 높일 수 있습니다. 우리가 토지 투자에 관심을 가져야 할 이유이기도 하죠. 이 책은 우리가 어렵게 느끼는 토지 투자에 대해 상세히 알려주고, 다양한 경험을

해본 사람만이 알 수 있는 노하우와 투자 사례, 소액으로 투자하는 방법 등이 담겨 있습니다. 이 책을 통해 저자의 오랜 경험과 노하우를 함께 느껴보시길 바랍니다.

-신현강(부룡), 네이버 카페 '부와 지식의 배움터' 대표,
『부동산 투자 이렇게 쉬웠어?』『부동산 상승신호 하락신호』저자

저자는 고유의 방식으로 투자를 한다. 소액으로도 토지 투자의 성공을 이끌고, 임야 투자에도 일가견이 있다. 이 책에는 '무에서 유를 만드는 토지 투자 비법'이 녹아 있다. 저자의 실전투자 노하우를 훔치고 싶다면 이 책을 추천한다.

-남호 이성주, 네이버 카페·밴드 '닥치고현장' 대표,
『닥치고 현장! 소액자본으로 부동산 부자되기』저자

누구나 '내 땅 하나쯤 갖고 싶다'는 마음이 있다. 저자는 누구보다도 쉽게 실전적인 경험을 담아냈다. 투자에 성공하는 자는 이유가 많고, 실패하는 자는 핑계가 많다고 한다. 저자의 토지 투자 필살기를 이 한 권으로 마스터해보자.

-배용환(서울휘), 사이드프로젝트스쿨 대표,
『나는 상가에서 월급 받는다』저자

훌륭한 프로야구 선수를 보면 공을 결대로 친다. 바깥으로 오는 공은 가볍게 밀어쳐서 안타를 만들어내고, 안쪽으로 오는 공은 가볍게 끌어당겨서 안타를 만든다. 저자의 토지 투자 방식을 보면 결대로 투자하는 느낌이다. 어깨에 힘을 빼서 가볍다. 저자의 투자 노하우가 이 책에 담겨 있다. 이 책이 토지 투자를 시작하고 싶은 분들에게 좋은 지침서가 될 것이다.

-이형진(골목대장), 네이버 카페 '발품' 대표, 지역분석전문가

부동산에는 아파트, 오피스텔, 상가, 건물, 토지 등 다양한 상품이 있다. 그중 가장 수익률이 좋은 상품은 토지다. 우스갯소리로 부동산 가격은 조선 중종 이후 500년간 폭등했다는 말이 있다. 『조선왕조실록』에는 "성종께서 고관대작들이 집을 여러 채 소유해 서민이 어렵다며 질책했다"는 기록도 있다.

500년 전의 역사나 현재의 상황이 크게 다르지 않다. 코로나 이후 전무후무한 양적완화를 한 만큼, 이제는 테이퍼링이 대두되는 시점이다. 부동산은 돌고 돈다. 혼돈을 지나는 부동산 시장에서 이제는 아파트보다 소액으로 접근하는 토지 투자가 안전한 상품이다. 이 책은 위기에서 기회를 찾고 안전한 투자로 가는 길을 친절하게 안내해주고 있다.

-이지윤, 『나는 소액으로 임대사업해 아파트 55채를 샀다』 저자

집은 살아가는 터전이기에 누구나 조금만 노력하면 주택시장에 적응할 수 있다. 하지만 땅은 다르다. 사용하고자 하는 용도, 수요자, 개발 계획, 도로 등에 의해 가치도 천차만별이고 투자하는 방법도 여러 가지다. 따라서 첫걸음을 내딛기가 만만치 않고, 혹여 길을 잘못 들면 오랜 세월 마음고생하기 일쑤다.

그래서 토지 투자에서 가장 필요한 것은 현명한 길잡이이고, 가장 찾기 힘든 것도 좋은 길잡이다. 저자가 이 책을 펴낸 것도 무지의 어둠 속에서 등대가 되어주는 자상한 길잡이가 되고 싶어서다. 이 책을 읽고 '토지'라는 미지의 세계로 도전하는 투자자들의 발걸음이 더욱 든든해지길 기원해본다.

-트루카피, 실전 투자자

흔히 토지 투자에 대해 큰돈이 들어가고, 공법도 잘 알아야 하고, 오랜 시간을 버텨야만 하는 분야라고 생각한다. 하지만 이 책은 소액으로도 토지 투자가 가능하고, 경쟁률도 낮고, 수익성도 높을 뿐 아니라, 짧은 기간 안에 수익 실현이 가능하다는 것을 알려준다. 이론보다 저자의 실전 경험을 녹였기 때문에 누구나 쉽게 이해할 수 있고, 실전에 바로 써먹을 수 있는 토지 투자의 가이드북이다.

-김동우(투에이스), 『부동산 절세의 기술』 저자

토지 투자를
시작하는 분들에게 전합니다

저의 첫 책인 『월급으로 당신의 부동산을 가져라』가 세상에 나온 지 5년이 지났습니다. 사회 초년생 시절에 우연히 부동산 투자를 알게 되었고, 소액으로 아파트와 토지에 투자한 경험을 바탕으로 글을 썼습니다. 첫 책이 세상에 나오면서 벅차고 감사한 하루하루를 보냈습니다. 책을 읽고 부동산 투자를 시작할 수 있었고, 그 과정에서 삶의 여유를 찾았다는 독자 분들의 이메일을 많이 받았습니다. 얼마나 감사한 일인지 모릅니다.

첫 책이 나온 이후, "토지 투자를 해보고 싶은데 좀 더 구체적으로 알고 싶다"는 이야기를 많이 들었습니다. 그래서 '토지 투자'를 다루는 책을 발간하는 일이 유의미할 것이라 생각했습니다. 어렵다는 생각에서 벗어나 조금만 관점을 바꾼다면, 토지 투자에 쉽게 접근할 수 있기 때문입니다.

토지 투자를 하고 싶은데 어디서부터 시작해야 할지 모르겠다면, 보유하고 있는 토지가 좋은 토지인지 아닌지 판단하고 싶다면, 정년을 앞두고 노후 준비를 하고 싶다면, 소액으로 미래 가치에 투자하고 싶다면이 책이 도움이 될 것입니다.

1부에서는 토지 투자를 시작해야 하는 이유, 토지 투자를 하기 전에알아야 할 배경지식을 담았습니다. 2부에서는 지인들의 토지 투자 사례를 엮었고, 3부에서는 저의 투자 사례를 담았습니다. 이 과정에서 토지 투자를 바라보는 관점이 새로이 바뀔 것이라 자부합니다. 4부에서는 지역 선정, 위치 선정, 매수 후 관리에 이르기까지 토지 투자의 전과정을 제시했습니다.

5부에서는 토지 투자를 할 때 반드시 알아야 할 내용을 담았습니다.투자 과정에서 부딪힐 수 있는 문제를 제시했기에 도움이 될 것입니다.6부에서는 농지연금을 다루었습니다. 농업인 자격이 있거나 부모님께농지연금을 가입시키고 싶은 사람들이라면 유익하리라 생각합니다. 마지막으로 7부에서는 산지투자를 담았습니다. 목돈 없이 임야를 구입할수 있는 방법이 7부의 핵심 내용이지요.

이 책을 쓰면서 다음 3가지에 중점을 두었습니다. 첫 번째, 쉽게 쓰려고 했습니다. 토지 투자와 관련된 용어는 그 자체가 어렵습니다. 따라서 최대한 쉽게 전달하고자 애썼습니다. 두 번째, 적절하게 반복해서쓰려고 했습니다. 토지 투자가 어렵다 보니 한 번의 설명으로는 부족하다고 생각했습니다. 그래서 핵심 내용을 적절하게 반복하며 설명했습니다. 세 번째, 반드시 알아야 할 전문적인 내용도 포함시켰습니다.

저는 사람을 '고수'와 '하수'로 구분하지 않습니다. 계속해서 배우는 사람과 배움을 멈춘 사람으로 구분합니다. 지금 이 책을 선택한 독자 분들은 '계속해서 배우는 사람'이라고 생각합니다. 책을 쓰는 과정은 기쁨 그 자체였습니다. 누군가에게 꼭 들려주고 싶은 이야기가 있다는 사실이 큰 힘이 되었습니다. 독자 여러분의 자산 목록에 토지 한 필지가 추가될 것이라 생각하니, 입가에 미소가 흐릅니다.

시루(양안성)

차례

추천사 · 005
프롤로그 · 010

PART1
토지 투자를 시작하다

01   토지 투자를 시작해야 하는 이유 · 020

02   투자는 칭찬을 먹고 자란다 · 024

03   돈이 돈을 버는 시스템을 만들어야 한다 · 027

04   토지 투자에 대한 선입견과 오해 · 035

05   땅값, 얼마나 오를까? · 038

06   토지 투자를 쉽게 할 수 있는 방법 · 042

07   토지 투자, 이것만은 알고 시작하자 · 048

PART2
토지 투자로 성공을 거둔 사례

01   광주, 두일이의 토지 · 060

02   세종, 봄바람 님의 토지 · 066

03   부산, 김두환 님의 토지 · 071

PART3
나만의 토지 투자 이야기

01   투자금 2천만 원으로 8억 원을 벌다 · 078

02   5년 동안 500%나 오른 소액 토지 ❶ · 096

03   5년 동안 500%나 오른 소액 토지 ❷ · 105

04   토지 200평을 사고도 돈이 남은 비결 · 115

05   어떻게 공시지가의 반값에 임야를 살 수 있었을까? · 124

PART4
가성비 높게 토지에 투자하는 방법

01   투자 지역을 선택하는 방법 · 136

02   구체적인 지역을 선정하는 방법 · 140

03   어떤 토지에 관심을 가져야 할까? · 148

04   비사업용토지를 사업용토지로 만드는 방법 · 159

05   다른 지역의 도시기본계획을 살펴보자 · 167

PART5

반드시 알아야 하는 토지 투자의 핵심

01 반드시 알아야 할 경매와 공매 · 178

02 토지 물건의 권리분석 · 184

03 도시인이 농지를 취득할 수 있을까? · 190

04 농지취득자격증명서란 무엇인가? · 193

05 용도지역, 완벽하게 이해하기 · 200

06 토지 투자에 도움이 되는 사이트 · 204

07 토지 분석방법 3단계 · 211

PART6

농지연금에 대한 모든 것

01 노후 대비는 반드시 해야 한다 · 218

02 제한경쟁이라서 더 좋다 · 222

03 농지연금 투자 사례 ❶ · 232

04 농지연금 투자 사례 ❷ · 235

05 농지연금 투자 사례 ❸ · 245

06 피해야 할 토지 유형 및 농지연금 체크리스트 · 249

PART7
미래의 먹거리, 산지 투자

01   산지도 가격이 오를까? · 254

02   산지, 어떻게 살까? · 261

03   지원을 받으려면 자격이 필요하다 · 264

04   임업후계자 혜택 12가지 · 269

05   어떤 산지를 사야 할까? · 285

06   산지 투자의 미래 · 293

에필로그 · 298

참고자료 · 301

부록 · 302

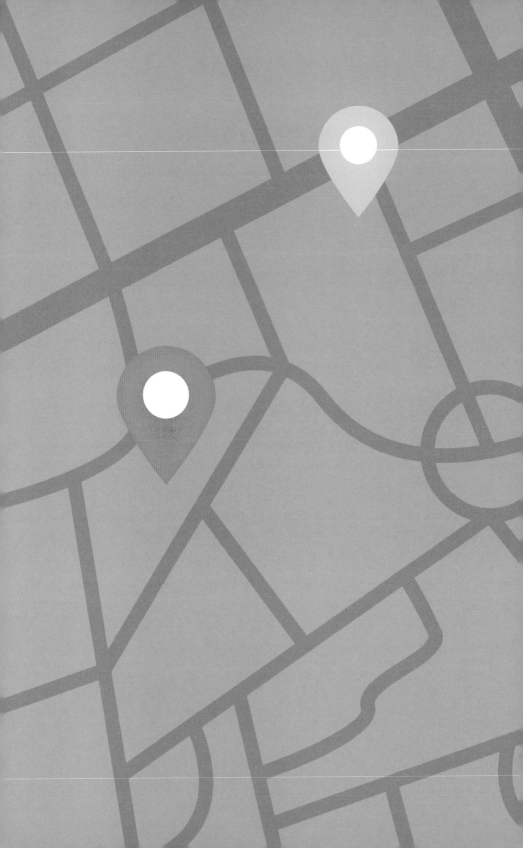

PART 1

토지 투자를
시작하다

01

토지 투자를
시작해야 하는 이유

2021년 11월, KB경영연구소에서 발표한 〈2021 한국 부자 보고서〉에 따르면, 우리나라 가구의 총자산은 부동산자산 78.2%, 금융자산 17.1%로 이루어져 있다고 한다. 이 중 금융자산이 10억 원을 넘는 '부자'들의 총자산을 보면 부동산자산 58.2%, 금융자산 36.3%이다. 두 그룹 모두 부동산자산이 차지하는 비중이 다른 자산에 비해 더 높다. 보고서에서는 금융자산 10억 원 이상을 보유한 개인을 '부자'라고 지칭한다.

부동산은 부자인지의 여부와 관계없이 여전히 가계 자산의 큰 비중을 차지하고, 자산 증식의 주된 수단으로 이용되고 있다. 부동산 투자가 자산 관리의 영역 중에서 가장 높은 관심을 받고 있는 셈이다. 토지도 부동산이라는 큰 범주에 속하는 만큼, 우리나라에서 부자가 되려면 토지에 관심을 가져야 한다. 그 이유는 다음과 같다.

첫 번째, 토지의 가치는 꾸준히 상승한다. 2022년 1월 초, 한국부동산원에서 발표한 〈지가동향 보고서〉에 따르면 우리나라의 지가(地價)는 2010년 11월 이후 133개월 연속 상승하고 있다. '연' 단위로 계산하면 2008년 이후부터 13년 연속으로 상승하는 셈이다.

한국부동산원에서는 우리나라의 지가변동률을 1987년부터 조사해서 발표하고 있다. 통계에 따르면 1987년 조사를 시작한 이후, 지가가 하락한 해는 1992~1994년, 1998년, 2008년으로 단 5년에 불과하다. 하락폭 역시 IMF 외환위기 직후인 1998년에 10% 이상의 하락을 보였을 뿐, 그 외의 4번은 1%를 전후한 하락만 있었다.

금융위기를 겪은 2008년의 하락률은 0.31%에 불과했고, 이듬해인 2009년에는 0.96% 상승했다. 이 수치를 고려하면 우리나라의 지가는 외환위기나 금융위기처럼 외부의 충격만 없다면 꾸준히 상승한다고 봐도 과언이 아니다.

두 번째, 거래가 가능한 토지가 계속 줄어든다. 우리나라의 토지 면적은 10만 413km²로 그 면적이 유한하다. 간척사업이나 공유수면매립(공유수면에 토사·토석 등을 인위적으로 투입거나, 호수나 바닷가에 둑을 쌓고 그 안의 물을 빼내어 토지를 조성하는 행위) 등의 개발사업으로 국토의 면적이 조금씩은 늘어날 수 있지만 한계가 있다.

앞으로는 아파트 공급처럼 대규모의 토지 공급이 불가능할 것이다. 현재 진행되고 있는 3기 신도시와 철도 및 고속도로 개설, 산업단지 개발 등으로, 우리나라 토지 중에서 개인이 소유할 수 있는 면적은 계속 줄어들고 있다. 3기 신도시는 주택시장 안정화를 위해 계획한 대규모 택지지구로, 남양주 왕숙, 하남 교산, 인천 계양, 고양 창릉, 부천 대장 이렇게 5곳이 지정되었다. 총면적은 3,274만㎡다. 이외에도 광명 시흥, 의왕·군포·안산, 화성 진안의 2,309만㎡의 토지가 사라질 예정이다. 이처럼 기존의 농지였던 곳이 신도시로 바뀌면 수십조 원에 이르는 토지 보상금이 지주들에게 지급된다. 지주들은 취득세와 양도소득세 감면 등의 혜택을 보기 위해 인근의 토지를 다시 구입할 것이고, 그 결과 거래가 가능한 토지는 더 줄어들 것이다. 이러한 현상은 수도권에서 더 심각하게 나타난다.

그다음이 광역시와 인근의 토지들이다. 3기 신도시와 이외의 택지지구에 토지 보상을 마치고 입주하기까지는 약 7~10년이 남았다. 적어도 이 기간만큼은 꾸준하고도 의미 있는 상승이 지속될 것이다.

세 번째, 토지는 관리가 편하다. 토지는 감가상각이 없다. 건물, 기계나 설비 등 대부분의 자산은 시간이 경과하면 그 가치가 점점 떨어진다. 감가가 생기는 원인은 무엇일까? 시간이 지남에 따라 자연적으로 가치가 소모되거나 마모되어서 그렇다. 신축 건물을 사용하지 않고 가만히 두더라도 페인트칠이 떨어지거나 내부 인테리어는 낡고 변한다. 이것이 바로 감가다.

그런데 토지는 어떠한가? 토지는 감가상각이 없다. 따라서 관리하기도 편하다. 나대지(지상에 건축물이나 구축물이 없는 대지)라면 그냥 두어도 된다. 대지에 건물이나 기계 등이 없기 때문에 당연히 감가의 여지가 없고 관리하기도 편하다. 나대지에는 세입자가 없기 때문에 전세 만기 시점에 세입자와 연장 여부를 협의하지 않아도 된다. 주변에 대규모 아파트 단지 입주를 걱정하지 않아도 된다. 오히려 토지 주변에 대단지 아파트가 들어오면 호재로 작용할 뿐이다.

02

투자는 칭찬을
먹고 자란다

나는 지난 시절 부동산 투자에 관심이 많았다. 자본금 1천만 원으로 투자를 시작해서 시행착오를 겪으며 성장했다. 그 결과 현재는 다수의 부동산을 소유하고 있다. 시간과 함께 나를 더욱 성장하게 만든 것은 '칭찬'이었다.

미국의 교육심리학자인 로버트 로젠탈 교수는 1968년에 한 연구를 진행했다. 샌프란시스코의 한 초등학교 학생 중 20%를 무작위로 뽑아 담임교사에게 명단을 전달하며 "이 아이들의 지능지수가 높다"라고 말했다. 8개월 후, 명단에 있던 학생들의 성적을 살펴봤고 학생들의 성적이 상위권이었다. 담임교사가 명단에 있던 학생들에게 긍정적인 관심과 기대를 보였고, 학생들은 더욱 노력하면서 성적이 향상된 것이다. 이 연구 결과를 '로젠탈 효과'라고 한다.

나는 지방의 한적한 마을에서 태어나 초등학교와 중학교를 다녔다.

초등학교를 졸업하고 중학교에 진학하면서 새로운 반이 꾸려졌다. 마을 인근 2곳의 초등학교에서도 학생들이 모이면서 중학교의 학생 수는 많아졌다. 그러자 자연스레 성적이 걱정되었다. 학생 수가 2배 정도 늘어났으니, 어찌 보면 당연한 걱정이었다. 중학교에 입학하고 얼마 지나지 않아 첫 시험을 치렀다. 기대와는 달리 조금은 실망스러운 결과가 나왔다. 전체 학생 약 200명 중에서 10등 정도의 성적이었다. 물론 나쁜 성적은 아니었다. 다만 내심 좋은 결과를 기대했기 때문에 실망감을 감출 수는 없었다.

시험을 치르고 며칠 후, IQ 검사를 했다. IQ 검사를 하고 난 후 선생님은 나를 조용히 불렀다. 그리고 이렇게 이야기했다. "시루야, 너는 머리가 굉장히 좋아. 우리 학교에서 제일 좋을 뿐 아니라 전국에서 상위 1% 안에 드는 수준이야. 너가 노력만 하면 카이스트 정도는 충분히 갈 수 있어."

나는 카이스트가 어떤 곳인지 그때 처음 알았다. IQ 검사 결과가 나오기 전까지만 해도 선생님은 나를 평범한 학생으로 대했었다. 그런데 결과가 나온 다음에는 나를 조금 특별하게 대하는 듯했다. 나도 선생님의 칭찬과 격려에 즉각적으로 반응했다. 얼마 뒤 치러진 학교 시험에서 전교 1등을 했기 때문이다. 그렇게 나는 '머리 좋고 공부 잘하는 학생'으로 중학교를 다녔다.

그때의 내 IQ 검사 결과가 잘못된 것임을 깨달은 건 시간이 한참 흐른 뒤였다. 일반적인 지능검사는 자기 연령에 비례해 얼마나 많은 문제를 맞히느냐에 따라 결정된다. 동일한 개수의 문제를 맞혀도 나이가 어릴수록 IQ가 높게 나온다. 나는 실제 내 나이보다 주민등록상의 나이가 18개월이나 늦다. 만 1살 하고도 6개월이 늦은 셈이다. 왜 그런지는 하늘나라에 계신 아버지만 알고 계신다.

학창 시절에 IQ 검사를 할 때는 주민등록상의 생년월일을 썼다. 그러다 보니 IQ가 실제보다 높게 나왔다. 아니, 상당히 높게 나왔다. 지금의 나를 보면 도저히 믿기지 않을 정도다. 선생님은 결국 지능검사 결과를 바탕으로 나에게 무한한 애정과 관심을 주셨다. 정상적인 결과라면 아마 110 정도가 나오지 않았을까 싶다. 지극히 평범한 수치다.

어찌되었든 로젠탈 효과 덕분인지, 나는 학창 시절에 공부에 재미를 붙였고 학업을 무사히 마칠 수 있었다. 결혼을 하고 나서는 중학교 때 담임선생님의 역할을 아내가 대신했다. 나는 수익이 나면 아내에게 보고를 한다. 투자금, 투자 기간, 수익 등을 엑셀로 정리해서 보여준다. 그러면 아내는 적은 수익에도 굉장히 기뻐하며 물개 박수를 여러 번 쳤다.

나는 그때가 제일 좋았다. 그래서 아내에게 칭찬을 듣기 위해 더 열심히 투자했다. 이는 지금도 마찬가지다. 아내의 물개 박수는 일품이다. 투자는 칭찬을 먹고 성장하는데, 아내의 칭찬이 나를 더 즐겁게 한다. 나도 칭찬에 대한 보답을 한다. 수익이 날 때마다 조그마한 선물을 한다. 이렇게 투자는 칭찬을 먹고 자란다.

돈이 돈을 버는 시스템을
만들어야 한다

나의 친구들은 대부분 직장생활을 한다. 수입의 대부분은 월급이다. 소정의 노동을 제공하고 그 대가로 한 달에 한 번 급여를 받는데, 이를 근로소득이라 한다. 내 친구 춘수는 건설 현장에 건축자재를 납품하는 사업을 한다. 그는 성실하고 사업 수완도 좋아서 벌이가 괜찮은 편이다. 직장을 다니는 친구들보다 나은 수준이다. 자기 사업을 해서 벌어들이는 소득을 사업소득이라고 한다.

우리나라의 소득은 8가지로 구분할 수 있다. 바로 연금소득, 기타소득, 근로소득, 배당소득, 이자소득, 사업소득, 퇴직소득, 양도소득이다. 큰 범주로는 퇴직소득, 종합소득, 양도소득으로 나눌 수 있다.

종합소득은 사업소득, 연금소득, 이자소득, 기타소득, 배당소득, 근로소득을 합산한다. 퇴직소득과 양도소득은 다른 소득과 합산하지 않고 다른 소득과 분류해서 과세를 한다. 그런데 종합소득은 6가지 소득을

〈소득의 종류〉

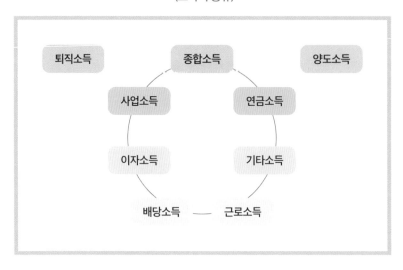

모두 합산해서 과세를 한다.

　공식적인 소득의 분류를 따르지 않고, 다시 두 종류로 나눌 수 있다. 근로소득과 자본소득이다. 근로소득은 노동을 통해 벌어들이는 소득이다. 반면 자본소득은 일종의 '돈이 돈을 버는' 시스템이다. 대부분의 직장인들은 근로소득이 주가 된다. 그래서 연초에 시행하는 연말정산을 하면 모든 게 끝난다. 하지만 근로소득 외에 자본소득이 있다면 5월에 종합소득세 신고를 해야 한다. 아마 근로자 대다수는 종합소득세 신고 한 번 하지 않을 것이다. 그런데 우리는 자본소득에 관심을 가져야 하고, 하루 빨리 돈이 돈을 버는 시스템을 만들어야 한다.

　근로소득과 자본소득에 관해서는 토마 피케티의 『21세기 자본』에서 잘 다루고 있다. 토마 피케티는 프랑스 경제학자이자 파리 경제학교의 교수로, 소득과 불평등을 연구한다. 『21세기 자본』에는 과거 250년간 '부의 집중과 분배'를 주제로 한 연구가 나와 있다. 그는 책에서 "근로소득이 늘어나는 속도보다 자본소득이 늘어나는 속도가 더 빠르다"라고 결론을 맺었다. 그만큼 우리는 하루라도 빨리 돈이 돈을 버는 시스템을 만들어야 한다. 그래야 자본주의 사회에서 좀 더 윤택하게 살 수 있다. 그렇다면 무엇이 돈을 벌까? 다음의 3가지다.

첫 번째, 돈이 돈을 번다. 이는 당연한 말이다. 물론 과거에도 돈이 돈을 벌기는 했다. 그런데 그 정도의 차이가 최근 몇 년 사이에 더 벌어졌다. 나는 2016년 봄에 서울 지역에서 분양권을 하나 샀다. 공동 구매 형식으로 5명이 한 채씩 샀다. 분양가는 5억 7천만 원쯤 되는데, 계약금으로 3천만 원을 지급하고 중도금은 무이자 대출로 처리하는 조건이었다. 미분양 아파트를 계약한 것이라서 사은품도 받았다. 상품권을 200만 원어치 받았으니 총 투자금은 2,800만 원 정도였다. 그리고 2017년까지 계속 보유했다.

분양권에 프리미엄이 붙자 한 명이 먼저 분양권을 팔았다. 보유하던 주택과 세금 문제가 생겨서 팔 수밖에 없었다. 프리미엄으로 3천만 원을 받았다. 공인중개사에게 중개비를 지급하고, 양도소득세로 프리미엄의 44%를 내면서 순수익은 1,500만 원 정도였다. 이렇게 5명 중 한 명이 분양권을 먼저 팔았다.

다음 사람은 두 달 후에 프리미엄 4천만 원을 받고 팔았다. 이번에는 매수자가 양도소득세를 부담하는 조건이었다. 그래서 먼저 판 사람보다는 조금 더 수익이 남았다. 이제 3명이 남았다. 입주 시기가 다가왔고, 3명 모두 전세를 내놓았다. 정상적인 경우라면 주변에 입주물량이 없었기에 전세가 잘 나가야 했다. 하지만 웬일인지 이 일대 모두 전세가 빠지지 않았다. 그러자 남은 3명 중에서 한 명이 팔았다. 전세가 맞춰지지 않으면 잔금을 치러야 했는데, 대출을 받더라도 돈이 부족했기 때문이다. 전세는 빠지지 않고 잔금일이 다가오자 마음이 급해져서 팔고 말았다. 프리미엄 7천만 원을 받고 팔았는데, 세금 44%를 납부하니 3,500만 원 정도 남았다.

나머지 한 명은 잔금일보다 먼저 잔금을 치렀다. 현금의 여유가 있어서였다. 그러면서 선납 할인도 받았다. 선납 할인은 정해진 기간보다 일찍 잔금을 납부하는 경우, 은행 이자보다 조금 높은 수준에서 잔금을 할인해주는 제도다. 이렇게 선납 할인을 받으려면 목돈이 있어야 하기에 쉽지는 않다. 그는 목돈을 일시에 납부한 후 높은 전세가로 매물을 내놓았다. 입주가 어느 정도 마무리되면 전세 물건은 부족해질 것이고, 전세 시세가 정상으로 돌아올 것이라는 생각에서였다. 몇 달이 지나자 원하는 가격에 전세를 맞출 수 있었다. 전세를 맞추고 임대주택으로 등록할 예정이었다.

또 다른 한 명도 잔금을 치를 여력이 있었다. 전세를 시세대로 맞추고 후일을 도모했다. 그 역시 세입자 입주 시기에 맞춰서 임대등록을 했다. 그렇게 무사히 전세를 맞추고 1년 정도가 지났을 때, 호가는 9억원에서 10억 원에 이르렀다. 분양가가 5억 8천만 원이었는데 불과 1년 남짓한 기간에 3억 원이나 오른 셈이었다. 물론 임대등록을 하면 최소 8년은 보유해야 하니, 지금보다 더 오른다는 확실한 보장은 없다. 다만 전체적인 과정과 상황을 보았을 때 기존에 높은 세율을 부담하면서 급하게 판 경우보다 낫다.

앞선 상황을 보면, 초기에 프리미엄 3천만 원에 판 사람과 계속 보유한 사람의 차이는 '잔금을 치를 수 있느냐 없느냐'에 달려 있다. 잔금을 치르면 일시적으로 많은 돈이 들어간다. 입주 장에는 전세가도 낮기 때문이다. 하지만 이 단계만 넘어서면 그 다음부터는 괜찮다. 잘만 하면 2년 후에는 전세가 분양가를 넘어설 수도 있다. 그렇게 되면 원금을 모두 회수할 수 있다. 투자 금액 없이 보유할 수 있다. 그러나 잔금을 치를 여력이 없다면 입주 전에 프리미엄을 받고 팔 수밖에 없다. 게다가 높은 세율의 세금까지 부담하고 나면 실제로 남는 돈은 별로 없다. 결국 돈이 돈을 버는 셈이다.

그렇다면 어떻게 해야 돈이 돈을 벌게 할 수 있을까? 바로 '목돈'을 만들면 된다. 취업을 했다면 본업을 열심히 해서 자기 몸값을 올려야 한다. 그런 다음 절약해서 종잣돈을 만들어야 한다. 가계부를 쓰는 것도 좋다.

어렸을 때 눈사람을 만든 기억이 한 번쯤 있을 것이다. 눈을 한 움큼 쥐어 두 손으로 꽉꽉 두세 번 누른 다음, 바닥에 굴린다. 처음에는 눈이 커지는 게 보이지 않는다. 그런데 눈을 계속 굴리다 보면 어느 순간 눈이 커져 있다.

투자도 이와 비슷하다. 종잣돈을 모으는 초기 단계에서는 돈이 별로 불어나는 것 같지 않다. 돈 들어갈 데도 많고, 현상 유지만 하는 것 같다. 하지만 이런 과정을 참고 견디면 어느 정도의 목돈이 생기고, 점차 스스로 굴러갈 수 있는 동력이 생긴다. 가장 중요한 점은 '이 과정을 얼마나 단축시킬 수 있느냐'이다. 이 과정만 지나면 어깨에 힘도 빠진다. 어깨에 힘이 빠지면 좋은 일들이 생긴다. 마음에 여유가 생긴다는 말이다. 한결 여유롭게 투자할 수 있다.

두 번째, 시간이 돈을 번다. 즉 오래 묵힐수록 돈이 된다. 이는 주거용 물건보다는 토지에 잘 들어맞는 말이다. 주거용 물건이야 입주 물량 등의 영향에 따라 2~3년 주기로도 움직일 수 있다. 그에 비하면 토지는 변동 폭이 덜하고, 꾸준히 우상향하는 특징이 있다. 그러니 토지에 장기적으로 투자하면 적어도 물가상승률보다는 더 많이 오른다.

나의 고향에 있는 농지는 지난 15년간 약 2~3배 올랐다. 간척지인 이 농지는 경지 정리가 되어 있는 농업진흥구역의 토지다. 예전에는 절대농지라고 불렸던 토지로, 면적도 방대해서 농업진흥구역에서 해제되기도 힘들다. 15년 전만 해도 평당 2만~3만 원이었는데, 지금은 평당 9만~10만 원 정도이니 시간을 먹고 자란 셈이다. 전형적인 시골 마을이라서 개발호재도 전혀 없었다. 그럼에도 토지는 물가상승률보다 더 오른다. 게다가 토지에서 얻을 수 있는 농산물의 가격까지 반영하면 실제로는 더 오른 셈이다.

2011년에 낙찰받은 토지가 있다. 도로도 없는 맹지에 땅 모양도 별로다. 그런데 바다 조망이 가능한 곳이다. 당시 주변 토지와의 관계를 고려하면 이 토지는 상당히 매력적인 물건이었다. 그 사이에 이 지역은 갈수록 주변 환경이 좋아졌고 땅값은 날로 올랐다. 도로도 새로 개통되고 KTX까지 들어왔다.

내가 2018년에 스페인으로 가족여행을 갔을 때였다. 새벽 2시에 모르는 번호로 전화가 왔다. 내 땅을 매수하고 싶다는 연락이었다. 등기부등본에 있는 주소로 찾아가서 내 전화번호를 수소문했다는 것이다. 이 땅을 팔라고 연락 온 일이 처음은 아니었다. 그런데 예전과는 다른 방식의 연락이었다. 지금은 여행 중이니 한국에 들어가서 연락드리겠다고 말하고는 끊었다. 이후 한 차례 더 전화가 왔고, 우리가 귀국하던 날 상대방이 공항으로 찾아왔다.

그가 제시한 가격은 평당 150만~200만 원 선이었다. 낙찰받은 가격이 평당 27만 원 정도였으니 나쁘지 않은 가격이다. 하지만 팔지 않겠다고 했다. 이 지역이 갈수록 좋아질 것이라 판단했기 때문이다.

세 번째, 정보가 돈을 번다. 같은 돈으로 같은 시기에 같은 권역의 토지를 사면 비슷한 수익률이 나올까? 그렇지 않다. 토지는 위치에 따라 지가 상승이 다르기 때문이다. 길 하나를 두고도 차이가 나고, 바로 옆에 붙어 있어도 차이가 난다. 이 차이를 만드는 것이 바로 투자 정보다. 정보를 잘 활용하면 토지 투자에서는 무조건적으로 유리하다.

그렇다면 관련 정보들은 어디에서 알 수 있을까? 예전에는 고급 정보는 소수만이 가질 수 있는 특권이었지만 지금은 국민들에게 정보가 제공된다. 그중에서 관심을 가져야 할 정보는 다음 4가지다. 바로 국토종합계획, 수도권 광역도시계획, 전국철도망계획, 수도권정비계획이다. 이 4가지만 잘 살펴봐도 토지 투자에 앞서 든든한 무기를 가지고 있는 것과 같다.

토지 투자에 대한
선입견과 오해

토지 투자에 대해 많은 사람들이 잘못 생각하는 점이 있다. 오해의 첫 번째는 '토지 투자는 어렵다'라는 것이다. 내가 부동산에 관심을 두고 처음 투자한 물건은 단독주택이었다. 법원에서 경매로 낙찰받은 물건으로, 감정가는 3천만 원 남짓이었다. 무려 6번이나 유찰되면서 최저가가 780만 원쯤일 때, 나는 이 물건을 950만 원에 낙찰받았다. 이전 최저가가 970만 원이었으니 이에 근접한 가격으로 제시하면 낙찰받을 것이라 생각했다.

이 물건이 6번이나 유찰된 이유는 전체 단독주택 중에 1/7 지분만 경매로 나왔기 때문이었다. 원래는 아버지 소유의 단독주택이었는데, 아버지가 돌아가시면서 배우자와 자녀들 앞으로 상속되었다. 그런데 자녀들 중 한 명의 지분에 채권자가 강제경매를 신청했다. 그 결과 지분의 형태로 경매에 나왔다. 지분의 형태로 낙찰을 받으면 낙찰자 입장에서는 재산권 행사나 공유자들과 협의에 문제가 생긴다. 그래서 대부분은 수차례 유찰되는 편이다. 결과적으로 해당 물건은 2,700만 원에 매도해서 괜찮은 수익을 얻었다. 그로 인해 나는 부동산 투자에 확신을 갖게 되었고, 더욱 열심히 하는 계기가 되었다.

부동산 투자를 여러 번 해보니, 이제는 다른 매물에도 투자해보고 싶은 마음이 생겼다. 법원에 다니다 보면 눈에 띄는 사람들이 있다. 나는 그들이 어떻게 투자하는지가 궁금했다. 그러다 우연히 토지 투자를 알게 되었다. '토지 투자는 너무 어렵지 않을까?'라는 생각이 들기도 했다. 그런데 생각을 조금 바꿔보았다. 투자 대상을 단지 주거용 부동산에서 토지로 옮기는 것뿐이라고 생각하니 자신감이 생겼다. 그렇게 토지 투자를 시작했다. 이때 가장 염두에 둔 것은 시세였다. 쉽게 말해 '싸게 사서 제값에 팔거나 원래 샀던 가격보다 조금 싸게 팔면' 이득이었다.

오해 두 번째는 '토지 투자는 큰돈이 있어야 가능하다?'라는 것이다. 물론 돈이 있어야 좋은 지역의 토지를 매수할 수 있다. 하지만 반드시 큰돈이 필요한 건 아니다. 천만 원 이하의 소액으로도 투자할 수 있다. 예를 들어 친구 4명이 모여서 4천만 원짜리 토지를 샀다. 그런데 이 중에서 1명이 돈이 필요한 상황이 생겨서 자기는 빠지겠다고 한다. 그러면서 다른 친구에게 자기의 지분을 판다. 그럼 이 친구의 지분을 인수하는 친구는 천만 원으로 4천 만원짜리 토지의 1/4 지분을 취득한다. 4명이 모여 공동 투자를 하면 각자 1/4이라는 지분으로 등기부등본에 올라간다. 그러니 지분의 형태로 경매나 공매에 나오는 토지를 공략해

보면 어떨까?

우리는 지분으로 나오는 토지는 공동 투자할 수 있는 자리 하나가 비었다고 생각하는 것이다. 다른 사람들은 그대로 있고 낙찰자만 거기에 지분을 가지고 들어가니까, 결국은 공유자들과 공동 투자를 하는 모습이 된다. 그렇게 하면 공유자들은 그 토지에 대해 잘 알고, 그 지역의 개발 정보에 밝을 뿐 아니라 물건 관리까지 해주기 때문에 낙찰자 입장에서는 손이 덜 들어가서 좋다.

지분의 형태가 아니더라도 괜찮다. 천만 원 이하로 경매나 공매에 나오는 토지가 많기 때문이다. 천만 원 이하의 매물 중에 또 하나는 바로 임야다. 임야는 토지 투자 중에서 어려운 대상이다. 그러나 몇 가지 조건을 갖춘 임야를 저렴하게 취득한다면 향후에 활용할 방법은 많다. 수목장, 임업경영, 반려동물 장례식장, 농막, 산림경영관리사 등으로 말이다.

오해 세 번째는 '토지 투자는 시간이 오래 걸린다?'라는 것이다. 토지 투자에는 시간이 필요하다. 그래야 높은 수익을 얻을 수 있다. 하지만 반드시 장기적인 투자를 할 필요는 없다. 장기투자를 기본으로 하되 단기투자도 병행한다면 토지 투자에 활력소가 될 수 있다.

내가 지금까지 투자했던 물건들 중에는 낙찰받고 1시간 만에 매도한 물건, 3일 만에 매도한 물건, 수개월 만에 매도한 물건이 있다. 그러니 토지 투자가 반드시 시간이 오래 걸리는 것도 아니다. 오로지 정보와 결단력이 있다면 단기간에도 수익을 낼 수 있다.

땅값,
얼마나 오를까?

땅값은 우리의 생각보다 많이 오른다. 한국은행이 2015년에 발표한 자료(논문 '우리나라 토지자산 장기시계열 추정'을 분석한 자료)에 따르면 경제 개발이 본격화하던 1964년과 2013년을 비교했을 때, 땅값은 3천 배나 올랐다. 우리나라의 m^2당 평균 지가가 1964년에 19원 60전에서 2013년에는 5만 8,325원으로, 무려 2,976배나 오른 것이다. 같은 기간 우리나라 전체 땅값을 더한 명목 토지자산가액은 1조 9,300억 원에서 5,848조 원으로 3,030배 증가했다. 생필품 등의 가격 상승 폭과 비교해도 토지가격이 더 많이 오른 것을 알 수 있다. 쌀은 50년 전보다 50배, 휘발유는 77.5배, 명목 국내총생산은 1,933배 올랐다. 국부의 89%를 부동산이 차지하고, 여전히 현금보다는 부동산 보유가 부의 중요한 척도가 되고 있다.

한국은행의 발표 내용은 평균으로 환산한 값이다. 평균이 3천 배라는 이야기다. 그러니 더 많이 오른 지역도 있고, 그렇지 않은 지역도 있다. 토지 투자에 관한 역사를 살펴볼 때 대표적으로 등장하는 지역이 있다. 바로 말죽거리다.

말죽거리는 지금의 서울 양재동 인근이다. 지하철 3호선 양재역 인근의 양재파출소가 그 중심이었다. 과거에는 서울에서 지방으로 가려면 한남동 나루에서 배를 타고 한강을 건너야 했다. 지금처럼 한강 다리가 없었다.

말죽거리는 긴 여행의 첫 관문이었다. 반대로 지방에서 서울로 올라오는 사람들은 이곳이 한강을 건너기 전에 마지막으로 휴식하는 곳이었다. 과거를 보러 오는 사람들도 이곳에서 하룻밤을 묵었다. 지리적 특성 때문에 말죽거리에는 조선 초부터 공무로 여행하는 이들에게 마필과 숙식을 제공하는 주막도 적지 않았다. 멀리서 여행자들이 타고 온 말에게는 죽을 끓여서 먹일 수 있었고, 자신도 저녁을 먹고 나면 이곳에서 묵었다. 이런 이유로 이 일대를 말죽거리라고 불렀다.

『아파트값, 5차 파동』을 쓴 최명철 저자는 말죽거리에 대해 다음과 같이 설명했다. "말죽거리가 토지 투자의 중심으로 떠오른 시기는 1960년대 후반이었다. 1968년에 경부고속도로가 착공되었다. 이 무렵 경부고속도로 착공과 함께 영동지구 개발이 추진되면서 점차 활기를 띠었다.

지금의 역삼동, 논현동, 서초동 등이 당시 영등포의 동쪽에 있다고 하여 붙여진 이름이 영동지구다. 그때 당시 한강 이남에서 유일하게 개발되던 지역은 일제강점기 때 개발된 영등포였다. 그래서 영등포가 번화가였고 중심이었다. 당시 영동지구 개발은 지금의 택지개발과 비슷한 절차로 진행되었다. 지금의 분당 면적과 비슷한 규모로 개발되었다. 이 무렵 한강의 3번째 다리인 한남대교가 놓였다. 이러한 과정을 거치면서 말죽거리 일대의 땅값은 급격하게 올랐다.

말죽거리 땅값은 경기도 광주에서 서울시로 편입된 1963년 이전에는 평당 300~500원 정도였다. 그러다가 서울시에 편입된 해였던 1963년에는 평당 1천 원대로 2~3배가량 올랐다. 1968년에는 경부고속도로가 착공되면서 평당 1만 원대까지 올랐고, 이후 1969년 말에는 제3한강교 개통과 제2서울건설계획 발표로 평당 3만~5만 원에 이르렀다. 토지가격이 7년 만에 무려 100배 가까이나 올랐다."

이후에도 토지가격은 지속적으로 올랐다. 1970년대 후반에는 지하철 2호선 건설 계획이 발표되면서 잠실 일대의 땅값이 오르기 시작했다. 주택지의 경우에는 평당 10만 원을 넘어섰다. 비슷한 시기에 명동의 토지가격은 평당 600만 원이었는데, 몇 년 후 천만 원이 되었다. 강남 지역의 택지가격은 평당 30만 원을 호가했다.

앞서 살펴본 사례는 일부 지역에 해당하는 내용이다. 다만 이를 간과해서는 안 된다. 앞으로 어느 지역에 투자해야 하는지를 판단하는 데 중요하게 작용하기 때문이다. 일반적으로 토지가격은 얼마나 오를까? 데이터가 있는 1986년 이후의 토지가격과 아파트가격을 비교해보자.

1986년 이후의 토지 및 아파트가격의 추이를 살펴보면 꾸준히 우상

〈토지가격·아파트가격·물가상승률 비교〉

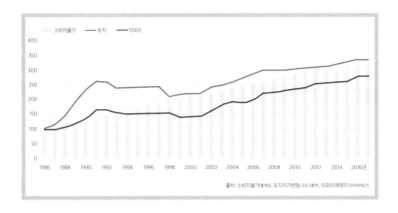

출처: 소비자물가(통계청), 토지지가변동(국토교통부), 아파트매매지수(KB부동산)

향하고 있다. 1980년대 후반부터 1990년대 초반에 이르기까지 토지
와 아파트의 가격은 급격하게 상승했고, 이때 벌어진 격차가 현재까지
도 이어지면서 일정하게 우상향하고 있다.

그런데 한 가지 특이점이 있다. 아파트가격은 물가상승률에 미치지
못하는 반면에 토지는 항상 물가상승률보다 많이 올랐다는 점이다. 이
를 보더라도 토지에 장기투자를 하는 것이 좋다. 최소한 물가상승률보
다는 더 오르니 말이다.

토지 투자를
쉽게 할 수 있는 방법

미국의 '많이 먹기 대회' 중에서 가장 유명한 대회가 바로 '핫도그 많이 먹기 대회'다. 이 대회는 1972년에 시작되어 매해 열리고 있다. 핫도그 많이 먹기 대회가 대중에게 널리 알려진 건 고바야시 다케루 때문이었다. 그는 2001년부터 5년 연속 우승을 했다. 그가 우승을 하기 전만 해도 핫도그 25개까지가 최고 기록이었다. 그런데 그가 2001년에 10분 만에 핫도그 50개를 먹으면서 우승을 차지했다. 그는 어떻게 2배나 차이 나게 많이 먹을 수 있었을까?

그는 사람들과는 다른 생각을 했다. 보통의 참가자들은 '어떻게 하면 핫도그를 많이 먹을 수 있을까?'를 고민했다. 하지만 고바야시 다케루는 '어떻게 하면 핫도그를 쉽게 먹을 수 있을까?'를 고민했다. '쉽게 먹는 방법'에 집중하자 여러 방법들이 떠올랐다. 그는 빵과 소시지를 분리해서 먹어보았다. 대회에서 먹는 핫도그는 빵 안에 소시지가 들어 있다. 보통의 참가자들은 이 빵과 소시지를 같이 먹었다. 그런데 고바야시 다케루는 빵과 소시지를 분리해서 먹었다. 그리고 소시지를 반으로 잘라서 먹었다. 이뿐만 아니라 빵을 물에 적셔 먹었다. 마지막으로 많은 양의 핫도그를 위에 넣으려면 공간을 꽉 채워야 한다고 생각해서 핫도그를 먹으면서 위아래로 뛰었다. 그 결과 핫도그를 50개나 먹을 수 있었다.

일반적으로 사람들은 '어떻게 하면 토지 투자를 잘할 수 있을까?'를 고민한다. 그러다 보니 토지 투자가 어렵게 느껴진다. 하지만 이제 생각을 바꿔보자. '어떻게 하면 토지 투자를 쉽게 할 수 있을까?'라고 말이다. 그러면 기존의 관념에서 벗어나 더 좋은 결과를 얻을 수 있다. 토지를 생각하는 관점을 살짝 바꿔보자. 토지 투자를 쉽게 하려면 다음에 나올 2가지를 준비하자.

첫 번째, '나는 운이 좋다'라고 생각하자. 토지 투자는 생각보다 할 일이 많다. 마음에 드는 토지 물건을 찾기 위해 검색을 해야 한다. 물건이 괜찮으면 답사도 가고, 위성지도나 서류상으로는 알 수 없는 하자 여부도 꼼꼼히 체크한다. 집에 돌아와서는 입찰가를 고민한다. 시세를 제대로 파악했는지, 권리분석은 문제없는지 등을 또다시 검토한다. 이렇게 열심히 준비해서 입찰을 했는데 떨어지면 아쉽다. 이 과정을 여러 번 하다 보면 낙찰 기회가 찾아온다. 여기서 끝이 아니다. 낙찰을 받고 나서도 할 일이 많다. 잔금을 치르고 소유권 이전등기도 해야 한다.

투자를 한다는 이유로 아이와 자주 놀아주지 못할 때도 많다. 그때는

'이러면서까지 부동산 투자를 해야 하나?'라는 생각이 들기도 한다. 돈을 버는 목적이 가족과 함께 행복한 시간을 보내기 위함인데, '아이의 외로움'이나 '배우자의 불만'을 담보로 부동산 공부를 한다면 그건 투자의 본질을 벗어난다. 미래를 위해 현재를 희생하는 것만큼 어리석은 일은 없다. 그러므로 미래를 준비하면서 현재도 즐기고, 가족의 동의도 얻을 수 있는 방법을 찾아야 한다.

'나는 운이 좋다'라고 생각하자. 『부자의 운』을 쓴 사이토 히토리는 "운의 힘은 세다. 실력보다 더 세다. 왜냐하면 실력은 인간의 힘이지만, 운은 하늘의 힘이기 때문이다"라고 했다. 그 역시 '나는 운이 좋다'라고 생각하는 힘을 알고 있었던 것 같다.

2018년에 임대등록한 서울의 아파트가 있다. 대부분의 신축 아파트가 그렇듯이 이 아파트 역시 입주할 때의 전세가는 낮았다. 이를 반영해서 초기 전세를 낮게 주고 임대등록을 했다. 2년이 지난 뒤 정상적으로 올려야겠다고 판단했기 때문이다. 그런데 5% 인상 등 이런저런 이야기가 나왔다. 하지만 나는 별로 걱정하지 않았다. 나는 운이 좋기 때문이다. 그리고 신기하게도 정말 운 좋은 일이 생겼다.

2019년 초에 세입자한테 연락이 왔는데, 만기를 1년 이상 남겨두고 이사를 가야겠다는 것이었다. 지금까지 이런 경우가 몇 번 있었지만 이번 사안은 좀 달랐다. 일단 세입자가 이사를 가면 전세금을 꽤 인상할 수 있다. 그사이 전세 시세가 정상으로 돌아오기 때문이다. 보통 전세가 2년 주기로 돌아가는 점을 고려하면, 그 2년 주기를 피해서 전세를 낼 수 있다. 그러면 전세 물량은 부족할 테고, 나는 원하는 금액에 전세를 비교적 쉽게 맞출 수 있다. 그렇게 부동산에 전세를 다시 내놓았고, 얼마 지나지 않아 계약금 중 일부가 들어왔다. 전세금도 6,700만 원이나 더 올랐다. 모든 일이 나에게 좋은 쪽으로 풀렸다.

'나는 운이 좋다'라고 생각한 다음부터 좋은 일들이 많이 생긴다. 인천의 한 세입자는 본인이 먼저 전세금을 더 올려주겠다고 했다. 게다가 오래 살겠다고도 했다. 임대등록한 아파트임을 감안하면 내 입장에서는 '오래 살아주는' 세입자가 무척이나 고맙다.

최근에 낙찰받은 토지에서도 비슷한 경험이 있다. 토지 두 필지를 경매로 낙찰받았는데, 그중 한 필지는 공익사업에 포함되어 수용이 예정되어 있었다. 한국전력공사에서 송전선을 설치하는데, 이 구간이 지중화 구간으로 편입이 되었다. 지중화 구간은 송전선을 땅속으로 묻어서 설치하는 것으로 해당 토지는 모두 수용을 한다. 일반적인 송전선이 지상으로 설치되고, 송전선 아래 토지에는 구분지상권을 설정한 후 지료를 지급받는 것과는 비교된다.

토지가 지중화 구간으로 수용되면, 지주는 사업주체에 토지를 팔고 토지 보상금을 수령한다. 그런데 경매 사건의 채권자가 수용이 예정되어 있는 필지에 대해 전부명령 신청을 했다. 잘못하면 수용된 필지의 보상금을 채권자가 전부 가져갈 수도 있는 상황이었다. 더군다나 이 사실을 잔금을 납부한 이후에 알았다. 그도 그럴 것이 경매 기록 어디에도 그런 내용은 없었다. 난처한 상황이었다.

그럼에도 '난 운이 좋으니까, 잘 해결될 거야'라고 생각했다. 그러고는 채권자에게 편지 한 통을 보냈다. 채권자와 통화했을 때 상대가 워낙 강경한 입장이라서 '편지가 효과가 있을까?'라는 생각이 들었다. 그럼에도 최대한 예의를 갖춰서 사실관계를 바탕으로, 모두에게 도움이 되는 방향으로 방법을 제시했다. 며칠 뒤, 채권자는 전부명령 신청을 취소했다. 자세한 이유는 알 수 없지만, 후문으로는 내가 보낸 서류를 가지고 법률 전문가와 상담을 했고, 그중 몇 명이 제안을 받아들이는 것이 좋겠다고 했다는 것이다. 결국 인생은 스스로 개척하는 것이다. 그 시작은 바로 '나는 운이 좋다'라고 생각하는 것부터다.

두 번째, 생각의 크기를 키우자. 생각의 크기가 곧 그 사람의 크기다. 그러면 생각에 적합한 행동을 하고, 그 행동은 결과로 이어진다. 대부분의 직장인들은 몸담은 조직의 규모만큼 생각하는 데 갇혀 있다. 그러다 보니 그 안에 머무르고 만다. 생각이 한곳에 머물러서는 안 된다. 생각의 크기를 키우고 그에 맞는 환경을 만들면, 생각보다 빨리 앞으로 나갈 수 있다.

생각의 크기를 키우는 방법은 말의 힘을 믿는 태도다. 그러려면 목표를 늘 머릿속에 새기고 반복하면 된다.『생각의 비밀』을 쓴 김승호 저자는 "내 생각을 끊임없이 자극할 만한 환경만 만들어주면 무엇이든지 얻게 된다는 것이 내 경험의 소산이다"라고 했다.

리듬체조는 5가지의 수구(줄, 후프, 공, 곤봉, 리본)에 따라 종목이 나뉜다. 그중 리본 경기는 5~6m의 리본을 가지고 하는 경기다. 손잡이를 쥐고

리본을 짧고 강하게 흔들면 그 폭은 점점 커져 맨 끝은 상당히 큰 폭으로 움직인다. 생각의 크기를 키우는 방법도 리본 경기와 비슷하다. 목표를 짧고 반복적으로 생각하면 그 크기는 점점 커진다. 그리고 마침내 현실로 다가온다. 이와 관련된 구체적인 방법 하나를 소개한다. 나 역시 지금 실천하고 있는 방법이다.

목표를 머리에 그려보고, 이를 한 줄로 표현하자. '2022년에 월세 300만 원 받기' '2022년에 토지 두 필지 갖기' '2022년에 책 100권 읽기' 등으로 말이다. 최종 목표를 설정한 다음에 단기적인 목표를 적는 것이 좋다. 단기 목표를 성공하면 다음 목표를 정한다. 이때 주의할 점은 허황되거나 글로 적을 수 없는 목표는 지양해야 한다.

목표를 정하면 이를 비밀번호로 설정한다. 인터넷 포털이나 공인인증서 등 자주 접속하는 사이트의 비밀번호로 설정하는 것이다. 그러면 접속할 때마다 여러 번 반복할 수 있다. 이렇게만 해도 목표를 더 빨리 이룰 수 있다.

토지 투자,
이것만은 알고 시작하자

내가 자주 듣는 질문이 있다. 바로 "어떤 토지를 사야 하나요?"라는 말이다. 이러한 질문을 받을 때면 잠시 멈칫한다. 마치 "어떤 약이 좋은 약인가요?"라는 질문을 받은 기분이 들어서다. 어떤 약이 좋은 약일까? 증상을 정확히 파악하는 일이 중요하다. 증상에 따라 약 처방이 달라지기 때문이다. 올바른 약을 먹어야 통증을 감소시키거나 증상이 사라질 수 있다. 그런데 모든 병을 낫게 하는 만병통치약은 없다.

토지 투자도 이와 비슷하다. 어떤 토지가 좋은지는 토지를 구입하는 목적에 따라 나뉜다. 따라서 먼저 '토지를 어떤 목적으로 사용할 것인가'를 고민해야 한다. 그래야 시행착오를 줄일 수 있다. 카페를 지을 건지, 원룸을 지을 건지, 전원주택을 지을 건지, 밭농사를 할 건지, 벼농사를 할 건지 등 그 목적을 명확히 해야 한다. 목표를 정하면 면적을 생각한다. 이 과정을 거쳐야 토지를 고르기가 훨씬 쉬워진다.

토지에는 적정 면적이 있다. 가령 스타벅스 DT(Drive-through)를 짓는다고 가정해보자. 이때는 몇 평의 토지가 필요할까? 답은 의외로 쉽게 찾을 수 있다. 거주지 주변의 스타벅스 DT를 찾은 다음, '부동산 디스코(www.disco.re)'에서 토지 면적을 확인해본다. 부동산 디스코에서는 부동산의 거래사례를 지도에 표시해주는 서비스를 한다. 해당 사례를 선택하면 지번과 거래 연도, 거래 금액 등을 확인할 수 있다. 지도에서 스타벅스 건물을 선택하면 토지 면적, 거래 시기, 거래 금액을 확인할 수

〈노원구 스타벅스 DT점〉

제2종근린생활시설 · 제3종일반주거지역 대지(합계) 327평 · 연 112평 · 2018년 · 2F/B0				
실거래가	매물	경매	토지	건물
지목				대
용도지역				제3종일반주거지역
이용상황				상업용
소유구분				개인 (공유인수 5)
소유권변동일자				2020-03-13
소유권변동원인				소유권이전
도로접면				광대소각
지형높이				평지
지형형상				가로장방

있다. 이렇게 몇 군데의 점포만 확인해도 대략 어느 정도의 면적이 필요한지를 알 수 있다.

49쪽 사진과 같이 해당 지번을 클릭하면 정보를 확인할 수 있다. 서울 노원구에 위치한 스타벅스 DT 매장의 토지 면적은 327평, 건물의 연면적은 112평이다. 여기에서 연면적은 1층과 2층의 건물 면적을 합친 면적으로, 1층이 55평이고 2층이 57평이다.

성북구에 있는 또 다른 스타벅스 DT 매장이다. 토지 면적은 141평이고 연면적은 99평이다. 노원구 스타벅스 DT점의 토지보다는 면적이 조금 작다. 이처럼 DT 매장을 전수조사하면 대략적인 감을 잡을 수 있다. 서울시에는 2022년 2월 말 기준으로 17개의 DT 매장이 있고, 해당 매장의 토지를 평형별로 분류하면 필요한 면적을 명확히 알 수 있다.

〈성북구 스타벅스 DT점〉

제2종근린생활시설 · 제1종일반주거지역
대지 141평 · 연 99평 · 2018년 · 2F/B0

실거래가	매물	경매	토지	건물
면적				**141평**
지목				**대**
용도지역				**제1종일반주거지역**

〈서울시에 소재한 스타벅스 DT점〉

매장명	주소	토지 면적(평)	연면적(평)
공릉 DT	서울특별시 노원구 동일로	327	112
종암 DT	서울특별시 성북구 종암로	141	99
화곡 DT	서울특별시 강서구 등촌로	246	140
방화 DT	서울특별시 강서구 방화대로	260	235
신월동 DT	서울특별시 양천구 남부순환로	236	131
신월IC DT	서울특별시 양천구 남부순환로	228	113
신정 DT	서울특별시 양천구 신월로	278	289
신림 DT	서울특별시 관악구 남부순환로	299	848
낙성대 DT	서울특별시 관악구 남부순환로	118	78
송파마천사거리 DT	서울특별시 송파구 거마로	233	151
송파방이 DT	서울특별시 송파구 오금로	205	146
송파나루역 DT	서울특별시 송파구 오금로	228	148
강동구청 DT	서울특별시 강동구 성내로	222	143
강동암사 DT	서울특별시 강동구 고덕로	282	110
구의 DT	서울특별시 광진구 광나루로	267	119
연희 DT	서울특별시 서대문구 연희로	205	125
태릉입구역 DT	서울특별시 노원구 화랑로	199	141

〈평형별 통계〉

평형대	개수	비율(%)
100평대	3	17.8
200평대	13	76.4
300평대	1	5.8

　서울시에 소재한 스타벅스 DT 매장 중에서 76% 이상은 토지 면적이 200평 이상이다. 결국 토지 면적이 최소 118평 이상이어야 하고, 주차장을 포함해서 조금 여유 있게 하려면 250평 이상은 되어야 한다는 결론이 나온다.

　광주광역시의 경우에는 전체 스타벅스 DT 매장 23개 중에서 약 65%가 300평 이상이다. 무려 500평이나 되는 매장도 있다. 아무래도 토지가격이 서울보다는 싸기 때문에 전체 면적이 큰 편이다. 이를 종합해보면 스타벅스 DT 매장을 열고 싶다면, 서울에서는 200평 이상, 지방에서는 300평 이상의 토지가 필요하다.

· 다가구주택
· 제2종일반주거지역
· 대지 92평, 연 146평
· 2014년
· 3F/B0

이번에는 원룸 건물을 살펴보자. 원룸 건물을 지으려면 몇 평의 토지가 필요할까? 역시 앞에서 살펴본 방법으로 찾아보면 된다. 부동산 디스코에서 원룸을 찾아서 살펴보니 52쪽 하단과 같이 원룸 건물 정보가 나왔다. 이 원룸은 토지 면적이 92평, 연면적이 146평이다.

〈원주기업도시 주거전용 단독주택 토지 정보〉

공급 용도	공급 규모		토지사용 가능 시기 (예정)
	필지 수	필지별 면적(m²)	
주거전용 단독주택	108	245~470	2019년 9월

공급 금액 (천 원)	상세계획				신청(입찰) 보증금	공급 방법
	건폐율(%)	용적률(%)	높이	용도 지역		
137,640~ 277,300	60	180	3층 이하	제1종일반주거	500만 원	추첨

위 도표는 2017년 10월에 분양한 원주기업도시 주거전용 단독주택 토지의 공고문이다. 주거전용 토지란 원룸을 지을 수 있는 부지를 말한다. 이때 108필지를 분양했고, 필지별 면적은 최소 245m²에서 최대 470m²에 이른다. 이를 평으로 환산하면 최소 74평에서 최대 142평이다. 이렇게 최소 면적을 74평으로 정한 이유는 74평이 원룸을 지을 수 있는 최소한의 면적이기 때문이다. 보통 원룸 부지는 80평에서 120평 정도면 무난하다고 본다.

이번에는 전원주택을 살펴보자. 전원주택을 지으려면 몇 평의 토지가 필요할까? 일반적인 전원주택이라면 40평 정도다. 만약 계획관리지역이라면 건폐율 40%[01]를 적용하므로, 100평의 토지라면 40평을 전원주택으로 지을 수 있다.

보전관리나 생산관리지역의 토지라면 건폐율 20%를 적용한다. 따라서 40평의 전원주택을 지으려면 200평의 토지가 필요하다. 따라서 전원주택을 짓고 싶다면 토지 면적이 100~200평 정도면 된다. 물론 주택의 면적을 줄이면 더 좁은 토지에도 건축은 할 수 있다. 다만 주택이 협소하면 답답할 수 있고, 너무 크면 관리하기가 힘들다. 이를 고려하면 100~200평 정도의 토지 면적이 적당하다.

다음은 밭농사다. 밭농사를 하려면 몇 평의 토지가 필요할까? 농사를 지으려 한다면 땅이 클수록 좋다. 그래야 집단화가 가능하고 농업 생산성이 올라간다. 밭농사를 하려면 최소 200평 이상은 되어야 한다. 그래야 농지의 기능을 하고, 나중에 거래가 가능하기 때문이다. 농사를 하다가 추후에 전원주택을 지을 수도 있다. 만약 토지가 보전관리지역이나 생산관리지역이라면 40평짜리 전원주택을 지을 수 있다. 계획관리지역이라면 80평인 주택이나 100평씩 분할해서 40평짜리 주택을 지을 수 있다.

일반적으로 밭농사 토지가 벼농사 토지보다 더 비싸다. 벼농사를 하

---

01 전체 토지의 면적에서 건물의 바닥면적이 차지하는 비율이다. 100평의 토지에 바닥면적이 40평인 1층 주택이 있다면, 이 토지의 건폐율은 40%가 된다.

면 주택을 짓기 힘든 편이지만, 밭농사를 하면 주택을 지을 수 있는 여건이 좋기 때문이다. 이때 주택을 지으려면 도로와 최소 2m 이상 접해야 가능하다. 따라서 추후에 건물을 짓겠다고 생각한다면, 도로를 접하고 있는 토지를 사는 것이 좋다.

마지막으로 벼농사 토지를 알아보자. 벼농사를 지으려면 몇 평의 토지가 필요할까? 보통 벼농사가 이루어지는 토지는 농업진흥구역이 많다. 농업진흥구역은 농업을 장려하는 곳으로, 대부분 벼농사를 짓는다.

지적도를 보면 아래 사진처럼 생겼다. 마치 바둑판처럼 반듯반듯하게 정리가 되어 있다. 경지정리가 된 곳의 면적을 확인해보면 500평대 후반부터 2천 평 이상인 농지까지 그 면적이 다양하다. 몇 군데만 살펴봐도 500~2천 평이 대부분이다. 벼농사를 하려면 최소 500평 이상은 되어야 한다. 그래야 농기계 진입이 원활하고 효율적으로 생산할 수

〈농지가 소재한 지역의 지적도〉

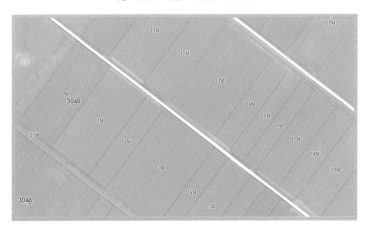

〈토지 용도별 적정 면적〉

용도	적정 면적
스타벅스 DT	200~400평
원룸 건물	80~120평
전원주택	100~200평
밭농사	300평 이상
벼농사	500평 이상

있다.

토지 목적에 부합하지 않는 면적의 토지라면, 구입해서는 안 된다. 반대로 생각하면 토지를 구입하기 전에 어떤 용도로 사용할지 목적을 정하고, 적정한 면적의 토지를 구입해야 한다. 그래야 토지 투자에 실패하지 않는다.

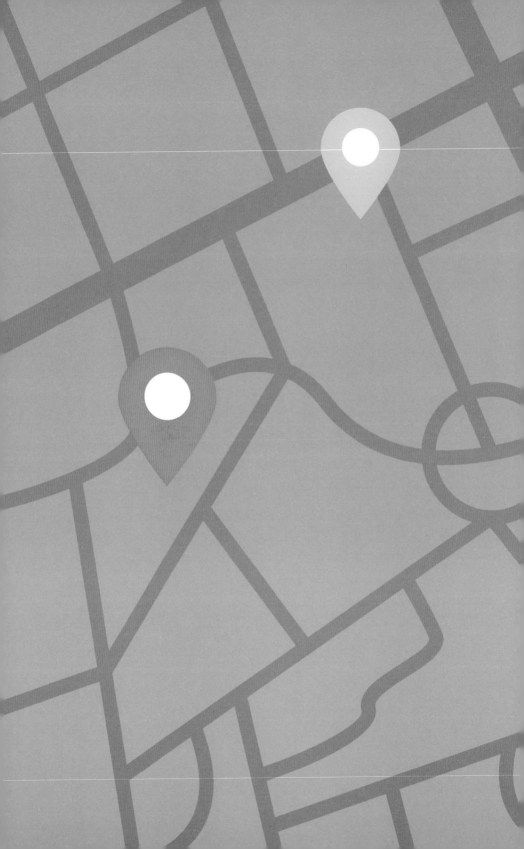

PART2

토지 투자로
성공을 거둔
사례

01

광주,
두일이의 토지

친구 두일이는 중학교와 고등학교를 나와 같이 다녔다. 피부는 약간 검은 편이고, 영리하면서도 묵직한 성격이다. 두일이의 아버지는 토목회사를 운영했는데, 그래서인지 두일이도 부동산 투자에 감이 있는 편이었다.

그는 2002년 무렵에 광주의 한 토지를 구입했다. 당시 평당 30만 원인 토지를 900평 매수했다. 상무지구 인근은 광주의 중심이기도 하고, 앞으로 발전할 가능성도 높아 보여서 매수를 결심했다고 한다.

그가 매수한 토지는 광주 도시철도 1호선 김대중컨벤션센터역 인근이다. 상무지구와 금호지구가 가까운 곳이다. 지도를 보면 광주의 중앙에 자리하고 있다. 20여 년이 흐른 현재, 지금 이곳은 어떻게 변했을까?

첫 번째, 탄약고 이전이 논의되고 있다. 두일이가 산 토지의 인근에는 공군부대의 탄약고가 위치해 있다. 마륵동 공군 탄약고는 1975년

금호동과 마륵동 일원 37만m² 부지에 설치되어, 이곳을 중심으로 인근 212만m² 부지가 군사시설보호구역으로 지정되었다. 도심에 탄약고가 있다는 것이 이슈가 되면서 탄약고 이전 논의가 이루어졌다. 애초에는 2006년 시작해 2025년에 종료될 예정이었지만, 2016년 광주 군 공항의 예비 이전 후보지 선정 가능성이 제기되면서 잠정 보류된 상태였다. 군 공항과 탄약고 이전을 동시에 추진하기 위함이었다.

그러나 군 공항 이전 사업이 제대로 진행되지 않으면서 탄약고 이전이라도 별개로 추진해야 한다는 여론에 힘이 실렸다. 마륵동 탄약고는 1975년에 지어져 40여 년이 흘렀다. 그러면서 주거지의 정주환경에 영향을 주었다. 군 공항 이전 후보지 선정이 완료되더라도 이전되기까지는 최소 10년 이상 걸린다.

〈토지이용계획확인서〉

지역지구 등 지정 여부	「국토의 계획 및 이용에 관한 법률」에 따른 지역·지구 등	도시지역, 생산녹지지역
	다른 법령 등에 따른 지역·지구 등	비행안전제6구역(전술)〈군사기지 및 군사시설 보호법〉, 제한보호구역(폭발물 관련: 1km)〈군사기지 및 군사시설 보호법〉
「토지이용규제 기본법 시행령」 제9조 제4항 각 호에 해당되는 사항		

현재 군 공항은 이전 후보지를 결정하지 못한 상태에 머물러 있다. 군 공항 이전이 장기화될 조짐을 보이자 이와는 별개로 탄약고 이전이 우선 추진되고 있다.

국방부는 2009년 사업을 재추진해 2015년에 탄약고 이전 예정지인 서창동 일대 토지를 매입했다. 탄약고 이전이 마무리되면 군사시설보호구역에서 해제되어 개발 사업이 가능해진다. 그가 산 토지를 토지이음(www.eum.go.kr)에서 확인해보면 제한보호구역으로 묶여 있음을 확인할 수 있다. 인근에 탄약고가 있어서다.

두 번째, 인근에 아파트 단지가 생기고 있다. 그가 매수한 토지의 북측에는 상무지구가 있다. 상무지구는 예전 상무대라는 군부대가 장성으로 이전하면서 이곳을 업무와 주거를 함께할 수 있는 택지지구로 개발했다. 상무지구는 광주의 중심에 위치하고, 아파트들이 정남향으로 배치되어 있어서 살기에 편하다.

이곳에는 1990년대 후반부터 아파트가 들어서기 시작했다. 세월이 흐르고 인구가 유입되면서 새 아파트에 대한 수요가 생겼다. 그래서 두

일이가 매수한 토지 우측으로 아파트 단지가 하나둘 들어서기 시작했다. 상무SK뷰, 마륵한신휴플러스, 상무자이, 상무양우내안애, 희망가 등이 지어졌고, 앞으로도 아파트가 건설될 예정이다. 토지 인근에 아파트 단지가 들어서고 있다는 사실은 굉장한 호재다. 인구 유입으로 소비는 늘어나고 이에 따라 상가, 물류 창고, 빌라 등의 수요가 자연스레 생기기 때문이다.

세 번째, 광주 '도심융합특구 선도사업지'가 확정되었다. 도심융합특구 사업은 수도권을 제외한 5개 광역시 구도심에 판교 제2테크노밸리의 모델을 적용해, 기업과 청년들에게 매력적인 복합혁신공간을 만들어 제공하는 것이다. 도심에 주요 공간정비 사업을 집적하고 일터, 삶터, 놀이와 배움의 터전이 결합된 혁신적인 복합공간을 마련하는 것을 목적으로 한다.

판교 제2테크노밸리는 국토교통부, 과학기술정보통신부, 문화체육관광부 등 5개 부처가 협력해 산업, 주거, 문화가 어우러진 공간을 조성 후 창업·벤처기업 등을 유치했다. 그 결과 현재 약 450개 사가 입주했고, 향후 1천여 개 이상으로 확대할 계획을 가지고 있다.

사업지로 선정된 상무지구 일원은 지역 대학, 인공지능(AI)클러스터, 연구개발(R&D)특구, 경제자유구역, 산업단지 등 산업벨트의 중심에 위치하고, 교통·생활 여건·부지 확보 측면에서 산학연 클러스터 형성이 쉽고 경제적 성장 잠재력이 우수하다. 특히 사업지는 도심에 위치한 85만m²의 유휴부지다. 이 중 일부 공공용지는 부지 확보가 쉽고 교통

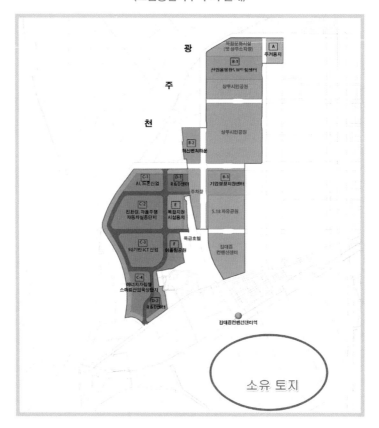

〈도심융합특구 부지 일대〉

·주거·문화·교육·공원 등 주거환경 면에서 탁월하다.

상무지구 도심융합특구 선도사업은 미래 성장산업 생태계 조성을 통해 새로운 혁신 일자리 1만 개를 창출하고 라이프스타일 맞춤형 정주환경을 조성하며, 미래를 대비하는 스마트 그린환경 조성, 도전이 일상화되는 혁신 거점 조성을 목표로 한다. 이를 구체적으로 살펴보면 다음과 같다.

- 2021년부터 2025년까지 상무지구 일원에 창업·성장·벤처·소통·교류의 공간과 혁신기업·글로벌 공간을 조성한다.
- 창업·성장·벤처·소통·교류의 공간은 공공이 선도 추진하는 창조경제 생태계 집적 공간과 창업기업 성장지원, 벤처, 스타트업 육성 공간으로 구성되며 기업지원허브, 기업성장센터, SW드림센터, ICT융합센터, 글로벌BIZ센터 등의 지원 시설이 들어설 예정이다.
- 혁신기업·글로벌 공간은 혁신형 기업의 미래기술 선도 공간, 수도권 선도기업 이전 및 창업성공 기업 등 앵커기업 입지 공간, 선후배 기업의 멘토링, 컨설팅, 기술트렌드, 오픈 아카데미 공유 공간 등이 들어설 전망이다.

두일이가 소유한 토지는 그동안 얼마나 올랐을까? 인근의 토지 거래 사례를 보면, 2020년 7월에 평당 260만 원에 거래되었다. 상대적으로 위치가 좋은 두일이의 토지는 평당 300만 원 정도이다. 2002년에 매수할 당시에 평당 30만 원이었는데, 20년이 지난 현재 평당 300만 원이니 무려 10배나 상승한 셈이다. 당시 900평 정도를 매수해서 총 투자금이 2억 7천만 원이었고, 현재 기준으로 보면 평가액은 27억 원이다.

그가 소유한 토지는 이제 시작이라고 해도 과언이 아니다. 탄약고가 이전된 것도 아니고, 도심융합특구가 완성된 것도 아니기 때문이다. 탄약고가 이전하고 도심융합특구가 완성되면 토지가격은 지금보다 훨씬 더 오를 것이다. 적어도 평당 500만 원 이상일 것이라 생각한다. 그러면 45억 원에 이른다. 그만큼 미래가치가 매우 크다.

02

세종,
봄바람 님의 토지

'봄바람' 님을 처음 만난 것은 지금으로부터 5년 전이다. 블로그 이웃들과 점심식사를 하는 자리였는데, 봄바람 님은 장거리임에도 불구하고 찾아오셨다. 봄바람 님은 열정적이다. 세종에서 서울까지, 거리가 멀더라도 유익한 정보를 얻을 수 있는 강의라면 참석한다. 그렇게 토지에 대한 기초를 다졌다. 물론 배움에서 끝나지 않았다. 몇 년 전부터 세종 지역에 관심을 두고 토지에 투자했고, 그 첫 번째 지역이 세종시 연서면이다.

연서면은 세종시와 조치원 사이에 위치한다. 세종시 개발계획의 정중앙에 위치한 곳이다. 세종 국가산업단지가 연서면 일대에 위치해 있고, 세종-청주고속도로도 연서면에서 출발한다. 그만큼 미래가치가 높은 지역이다.

봄바람 님은 경매에 참여해서 연서면의 토지를 8천만 원 남짓한 가격

<h3 align="center">〈낙찰받은 토지〉</h3>

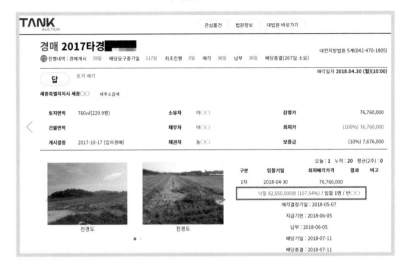

에 낙찰받았다. 평당 35만 원 정도였다. 그는 은행에서 낙찰가의 74%에 해당하는 6,100만 원 정도를 대출받았다. 실투자금은 취득세를 포함해 2,500만 원에 불과했다.

그런데 4년이 흐른 지금, 이 토지의 시세는 얼마나 할까? 공시지가는 2018년 m^2당 5만 6천 원에서 2021년 7만 2,500원으로 약 30% 올랐다. 시세가 평당 약 75만 원이다.

평당 35만 원 정도에 낙찰받은 사실을 감안하면 4년 사이에 2배 이상 상승한 셈이다. 그는 레버리지를 활용해서 9천만 원의 시세 차익을 거둘 수 있었다.

그는 비슷한 시기에 전동면의 토지를 일반매매로 매수했다. 남쪽과 동쪽으로 도로를 접한 농지인데 매수가격은 평당 52만 원 정도였다.

〈매수한 토지〉

소재지	세종특별자치시 전동면 미곡리 ▓▓▓▓		
지목	전 ⚫	면적	2,176 m²
개별공시지가(m²당)	54,900원 (2021/01) 연도별보기		
지역지구등 지정여부	「국토의 계획 및 이용에 관한 법률」에 따른 지역·지구등	농림지역 , 소로2류(폭 8M~10M)(접합)	
	다른 법령 등에 따른 지역·지구등	가축사육제한구역(전부제한구역)<가축분뇨의 관리 및 이용에 관한 법률>, 농업진흥구역<농지법>	
	「토지이용규제 기본법 시행령」 제9조 제4항 각 호에 해당되는 사항		

범례
- ☐ 준보전산지
- ▨ 생산관리지역
- 보전관리지역
- ▨ 농림지역
- ☐ 농업진흥구역
- ☐ 도로구역
- ☐ 가축사육제한구역
- ☐ 소로2류(폭 8M~10M)
- ☐ 법정동
- ☐ 기타용도지역지구기타

☐ 작은글씨확대

확인도면

세종에서는 관리지역[02]과 농림지역[03]의 토지가격이 많이 오른다. 앞으로도 세종은 인구가 꾸준히 유입될 곳이다. 그 결과 관리지역과 농림지역의 토지는 주거지역으로, 농림지역은 관리지역으로 용도지역이 바뀔 가능성이 있다. 그렇지 않더라도 인구 유입이 지속되면 관리지역이나 농림지역의 토지 그 자체로도 시세는 오르게 되어 있다. 이 토지 역

---

02   도시지역의 인구와 산업을 수용하기 위해 도시지역에 준하여 체계적으로 관리하거나 농림업의 진흥, 자연환경 또는 산림의 보전을 위하여 농림지역 또는 자연환경보전지역에 준하여 관리가 필요한 지역.

03   도시지역에 속하지 아니하는 농업진흥지역 또는 보전산지 등으로 농림업을 진흥시키고 산림을 보전하기 위해 필요한 지역.

시 농림지역이긴 하지만, 남쪽과 동쪽으로 도로를 접하고 있어서 활용도가 높은 편이다.

봄바람 님은 매수 당시에 매매가의 60% 정도를 대출했다. 2년 6개월을 보유한 뒤, 2021년 초에 매도했다. 매도 금액은 평당 90만 원 수준이었다. 평당 52만 원에 산 토지가 2년 6개월 만에 90만 원이 되었으니 무려 73%나 오른 셈이다.

수익률을 계산해보자. 3억 4천만 원에 매수했더라도 대출이 60%였기에 실투자금은 매수 금액의 40% 수준이다. 여기에 취득세, 기타 부대비용을 합치면 실투자금은 1억 5천만 원이다. 그리고 2년 6개월이 지나서 약 2억 5천만 원이라는 양도 차익이 생겼으므로, 세전 수익률은 약 160%에 이른다. 상당히 만족스러운 결과다.

그는 2019년 무렵에 연서면의 토지 120평 정도를 추가로 매수했다. 이미 2건 이상의 토지를 취득해서 시세 상승을 몸소 겪었고, 세종의 발전상을 눈으로 확인하면서 확신이 생겼기 때문이다. 이 토지는 2차선 도로변에 붙은 토지로, 인근에는 편의점이 위치할 만큼 입지 여건도 좋다. 계획관리지역이라 웬만한 건물은 지을 수 있고, 주거개발지구[04]와 지구단위계획이 예정되어 있어서 미래가치 또한 높다. 이 토지는 세종의 핵심 입지라서 가격이 단기간에 많이 상승했다. 시세 차익만 해도 4억 원이 훌쩍 넘는다.

---

04 주거기능을 중심으로 개발·정비할 필요가 있는 지구로서, 취락지구 중에서 향후 주거지역으로 발전할 가능성이 있어 이를 계획적으로 개발할 필요가 있는 곳에 지정한다.

그는 왜 세종 지역의 토지에 관심을 가졌을까? 가장 큰 이유는 본인이 살고 있는 곳이 세종이었기 때문이다. 자신이 살고 있는 곳에 관심을 두는 태도는 투자의 기본이다. 토지는 취득 못지않게 관리가 무척 중요하다. 따라서 매수자 주거지에서 거리가 너무 먼 토지라면 관리하기가 힘들다. 달리 말해 거주지 인근의 토지에 관심을 갖는 것이 좋다.

토지를 무조건 오래 소유한다고 해서 드라마틱한 수익을 보장하는 것은 아니다. 잘못 선택하면 속앓이를 할 수 있다. 그러니 살 때 잘 사야 하고, 한 번 샀다면 쉽게 팔지 말아야 한다. 그 시작은 본인이 거주하는 지역에 관심을 갖는 일이다.

03

부산,
김두환 님의 토지

김두환 님은 전업 투자자다. 토지뿐만 아니라 아파트와 상가투자도 잘한다. 그는 2014년에 부산 기장군 일광면의 농지를 취득했다. 180여 평 정도의 토지로, 제1종일반주거지역[05]에 위치해 있다.

현황은 맹지인데 도로개설 계획이 잡혀 있다. 본 토지의 남동쪽은 주차장 부지로 예정되어서 높은 건물이 들어오기 힘들다. 그래서 그는 영구 조망이 가능할 것이라 생각했다. 당시 평당 75만 원에 매수했고 매매가는 1억 3,800만 원이었다. 당시에는 토지 대출이 비교적 자유로울 때라 매매대금의 75% 수준인 1억 400만 원을 대출받았다. 취득세와 부대비용을 포함하더라도 5천만 원이 들지 않았다.

이렇게 2년 여가 지나는 사이, 토지가격이 많이 상승했다. 같은 기간

---

05 시민이 일상생활을 할 수 있도록 주택이 밀집한 주거지역.

〈토지이용계획확인서〉

소재지	부산광역시 기장군 일광면 ▨▨ ▨▨			
지목	전 ❓		면적	602 ㎡
개별공시지가(㎡당)	455,400원 (2021/01) **연도별보기**			
지역지구등 지정여부	「국토의 계획 및 이용에 관한 법률」에 따른 지역·지구등	제1종일반주거지역 , 제1종지구단위계획구역 , 소로2류(폭 8M~10M)(저촉)		
	다른 법령 등에 따른 지역·지구등	가축사육제한구역<가축분뇨의 관리 및 이용에 관한 법률>		
「토지이용규제 기본법 시행령」 제9조 제4항 각 호에 해당되는 사항	도시관리계획 입안중			

에 해당 토지의 공시지가는 ㎡당 20만 1,600원에서 24만 2,200원으로 20%가량 상승했다. 토지가격은 대략 70~80% 상승했다. 이렇게 토지가격이 오르자 그는 재감정을 통해 2억 2천만 원을 대출받았다. 기존 대출을 상환하고 마이너스 통장 대출을 실행했다. 아파트나 토지를 담보로 마이너스 통장 대출이 가능하다. 마이너스 통장 대출은 필요할 때만 대출금을 사용하고, 그 기간만큼의 이자를 납부하면 된다. 그래서 목돈이 필요 없는 경우에 용이하다.

토지를 매수하고 2년이 흐른 후 2억 2천만 원을 대출받았다는 사실에 상징적인 의미가 있다. 바로 원금을 회수했다는 점이다. 매매대금이 1억 3,800만 원인데 대출을 2억 2천만 원을 받았으니 원금보다 8천만 원을 더 회수한 셈이다. 그러니 이 토지를 보유하는 데 전혀 부담이 없다. 물론 대출금에 대한 이자는 납부해야 하지만, 이자 이상으로 토지가격이 오르고 해당 토지를 세컨드하우스 형태로 사용할 수도 있어서 이자 이상의 만족을 얻을 수 있다.

〈지적도〉

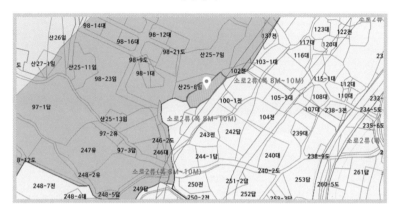

　그는 해당 토지에 전기를 신청하고 가설건축물 신고까지 마쳤다. 그리고 현재는 이 토지에 채소들을 재배하고 있다. 주말에는 가족과 함께 전원생활까지 누리고 있다.

　현재 이 토지의 가격은 얼마나 할까? 물론 팔지 않았기 때문에 해당 토지의 가격을 정확하게 알 수 없다. 다만 주변 토지의 거래사례와 호가를 참고하면, 평당 450만 원 이상을 호가한다. 맹지라는 점을 감안해 그렇다. 그러면 8억 원이 넘는다. 1억 3,800만 원에 매수한 토지가 8년 사이에 8억 원이 된 것이다.

　하지만 여기서 끝이 아니다. 토지의 가치는 도로가 개설된 이후에 나타난다. 물론 언제 도로가 개설될지는 정확히 모른다. 다만 부산시에서 일광면 일대 5개 마을을 명품주거단지로 개발하겠다는 계획을 세웠기 때문에 도로 개설은 될 것이라 본다.

　만약 도로가 개설된다면 평당 800만 원 이상은 오를 것이라 보인다.

그러면 시세는 14억 원이 넘는다. 무려 10배가 넘게 오르는 셈이다. 현재 바닷가 바로 앞은 평당 1,400만 원에 마지막으로 거래되고, 현재는 매물조차 없다. 그만큼 바다 조망이 가능한 토지라면 그 가치는 어마어마하다.

　그는 좋은 토지를 어떻게 살 수 있었을까? 첫 번째, 현황을 살폈기 때문이다. 이곳은 부산시라는 메갈로폴리스를 배후로 두고 있다. 대다수의 사람들은 아파트를 떠나서 바다가 보이는 곳에 주택을 짓고 싶어 한다. 그래서 그는 처음부터 주택을 지을 수 있는 토지로 대상을 좁혔고, 주변 환경을 꼼꼼히 살폈다. 주택부지에서 조망과 함께 중시되는 요소가 혐오 시설의 유무다. 조망이 아무리 좋더라도 인근에 축사가 있거나 송전선이 지나가는 자리라면 주거지로서는 낙제다. 가축의 냄새를 맡으며 고압 전선 아래에서 살고 싶은 사람은 없기 때문이다. 그는 현장을 꼼꼼히 살폈고 혐오시설은 없었다.

두 번째, 토지의 면적 때문이다. 전원주택 부지는 최소 70평 이상이어야 한다. 그래야 주택을 짓고 주차장과 소규모 텃밭도 만들 수 있다. 주택부지는 이보다 커도 괜찮다. 넓게는 300평까지도 좋다. 따라서 이 토지의 면적인 180평은 주택부지로서도 적당했다. 추후에 90평씩 두 필지로 분할해도 된다. 용도지역 또한 제1종일반주거지역으로, 전원주택을 짓는 데 안성맞춤이다.

세 번째, 미래가치를 살폈기 때문이다. 사실 현재 상태로 보면 이 토지에는 주택을 지을 수 없다. 도로가 없어서다. 주택을 지으려면 최소 4m 폭의 도로에 2m 이상을 접해야 주택을 지을 수 있다. 그런데 이 토지는 맹지라서 건축허가가 나지 않는다. 다만 추후에 개설될 토지에 접해 있기 때문에 도로 개설이 되면 건축 허가는 받을 수 있다. 도로가 개설되면 도로에 접하는 면이 넓게 되어 있어 지금보다 몇 배는 더 좋아진다. 그는 이 요소들을 감안했다. 그래서 토지를 선택하기에 앞서 목적을 정하고, 현황을 살핀 다음 서류를 보는 것이 좋다.

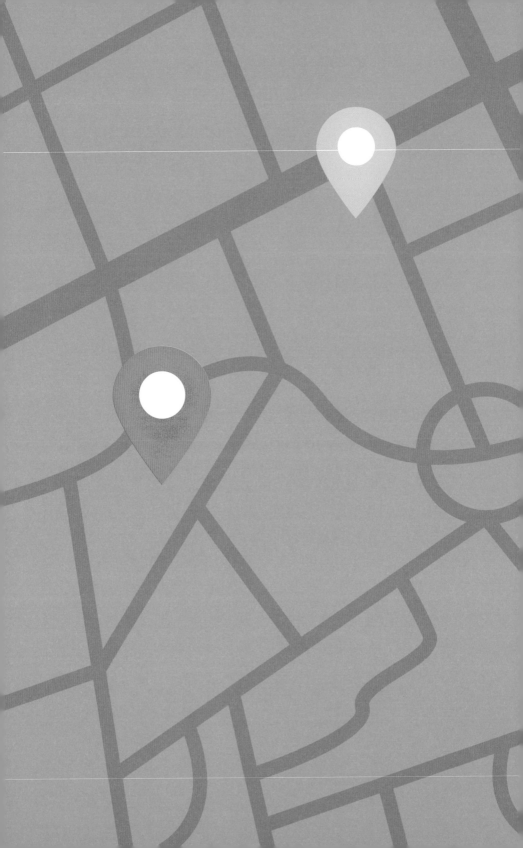

PART3

나만의
토지 투자
이야기

투자금 2천만 원으로
8억 원을 벌다

나는 2005년부터 부동산 투자를 시작했다. 어느 날 행정복지대학원에서 경매 최고위 과정을 모집한다는 현수막을 봤다. 당시 수강료가 80만 원이었다. 일주일에 두 번, 화요일과 목요일에 강의가 있었고, 강의는 3시간 정도였다. 그렇게 3개월을 수강했다.

강의가 끝나갈 무렵, 나는 법원에 가서 첫 낙찰을 받았다. 낙찰은 처음이지만 입찰 경험은 몇 번 있었다. 입찰을 신청했지만 낙찰은 받지 못했는데, 수강 중에 처음으로 낙찰을 받은 것이었다. 그렇게 부동산 투자에 입문한 후 본격적으로 투자에 나섰다.

몇 해가 흐르자 이제는 조금 더 재미있는 물건에 투자해보고 싶었다. 그때는 경매 사이트를 검색해서 살펴보는 일이 내 일상이었다. 적게는 하루에 3~4시간을 할애해서 적합한 물건을 검색했고, 많을 때는 10시간 이상 보기도 했다. 그래서 좋아하던 야구경기 관람과 인터넷 바둑게 임도 끊었다. 생활패턴을 단순하게 만들었다. 무엇보다 야구를 보는 일과 인터넷 바둑을 두는 일이 더 이상 재미있지 않았다.

그러던 어느 날, 굉장히 흥미로운 물건이 눈에 띠었다. 여수에 위치한 조그마한 토지였다. 토지 앞으로는 시원한 바다 조망이 가능했고, 바다 건너편에는 오동도가 보였다. 당시에는 여수 해양박람회 개최를 앞두고 있었다. 때문에 KTX역과 도로 공사 등 기반시설 공사가 한창이었다.

그 토지 역시 인근의 토지와 함께 토목 공사가 일부 진행되고 있었다. 경매에 나온 토지는 80평 남짓했다. 이 토지를 포함해 인근의 50여 필지 정도를 호텔 부지로 조성하고 있었다. 호텔 부지 50여 필지 중에 어떤 이유 때문인지 두 필지만 경매로 나왔다. 최근에 알게 된 사실인데 이 두 필지만 경매로 나온 건 담당 직원의 실수 때문이었다고 한다. 그리고 보면 나는 정말 운이 좋았던 셈이다. 호텔 공사를 하면서 전체 토지를 신탁해야 하는데 두 필지가 신탁서류에서 누락되었고, 이를 안 채권자가 경매 신청을 한 것이었다.

토지를 보고 나니 낙찰받고 싶다는 생각이 강하게 들었다. 일단 위치가 무척 마음에 들었다. 그리고 1년이 지나면 해양박람회를 열어야 하는데, 그때까지는 호텔이 완공될 것이라는 생각이 들었다. 그러기 위해서는 시행사나 시공사는 낙찰자와 협의할 수밖에 없을 것 같았다. 그리고 낙찰을 받기만 하면 단기에 매도할 수 있을 것이라 생각했다. 그렇게 단기 수익률 100% 정도를 염두하고 토지를 꼼꼼히 살폈다. 이 토지는 도로가 없는 맹지임에도 불구하고 호텔 부지의 일부라는 사실 때문에 가치가 높았다. 어차피 인근 토지와 묶어서 호텔을 지을 것이라면 도로가 없는 것이 문제되지 않았다.

입찰일이 되었다. 토지의 감정평가액은 826만 원이었다. 평당 10만 원 정도였다. 감정평가는 경매를 진행하기 위해서는 반드시 해야 한다. 하지만 감정평가액이 해당 토지의 가치나 시세를 나타내는 것은 아니다. 그저 1회차 최저 매각가격을 정하기 위해 진행하는 절차에 불과하다. 그러니 해당 토지의 가치나 시세는 입찰자가 별도로 답사 등을 하면서 알아봐야 한다.

이 물건의 감정평가액이 826만 원이었지만 나는 개의치 않았다. 시공사나 시행사에 되팔려는 목적이 있었기에 낙찰을 받는 일이 무엇보다 중요했다. 그저 최저가보다 조금 높게 써보고 '낙찰이 되면 좋고 안 되면 말고' 식으로 접근할 물건이 아니었다. 그래서 며칠을 고민했다. 그러고는 이전의 낙찰 사례들을 모두 살폈다.

아파트는 실거래가가 공개된다. 그래서 실거래가를 참고하면 비교적 쉽게 예상 입찰가를 정할 수 있다. 아파트 단지 앞에 있는 부동산 몇 군데만 가봐도 될 정도다. 반면에 토지는 비슷한 조건의 토지가 없고 거래 횟수도 적다. 그래서 시세를 파악하기가 어렵다. 그만큼 몇 배의 노력을 기울여야 한다.

인근 지역의 과거 낙찰 사례들을 보니, 괜찮은 물건들은 감정가의 250~300%에 낙찰받는다는 사실을 알 수 있었다. 감정가의 2.5~3배

〈낙찰받은 토지〉

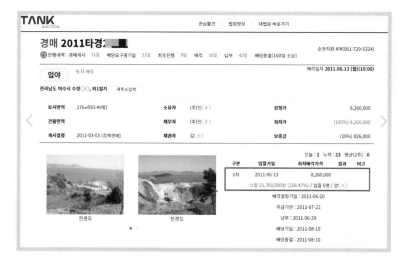

가량을 제시하면 가능성이 있다는 뜻이다. 나는 심사숙고한 끝에 낙찰가의 3배에 근접한 2,135만 원에 응찰했다. 당시 토지의 공시지가가 300만 원 수준임을 고려하면 분명 저렴한 가격은 아니었다. 하지만 손해를 보지는 않을 거란 확신이 있었고, 단기간에 처리하지 못해도 시간이 지나면서 그 가치는 오를 것이라 생각했다.

결과를 보니 6명이 응찰을 했다. 나는 차순위와 500만 원 차이로 여유 있게 낙찰을 받았다. 2등이 약 1,500만 원, 3등이 약 1,300만 원을 써냈다. 천만 원 이하로 쓴 사람도 있었다. 막상 낙찰을 받고 나니 생각했던 대로 협상이 진행되지는 않았다.

여기저기 수소문해서 시행사와 연락이 닿았지만 내부 사정으로 사업을 진행하기가 힘들다는 답변만 들었다. 낙찰을 받고 조금은 들떠 있었는데, 그 한마디에 다시 겸손해졌다.

그렇게 몇 년이 흘렀다. 다시 일상으로 돌아와 입찰과 패찰, 낙찰을 반복했다. 그렇게 여수의 토지는 내 기억 속에서 조금씩 잊혀졌다. 그 사이 여수 해양박람회는 성황리에 진행되었다. 이 토지가 속한 호텔은 결국 완공되지 못했다. 낙찰 당시 그대로 멈춰 서서 오동도만 바라보고 있었다. 당초 계획에는 없던 일이었다. 하지만 낙심하지 않았다. 입찰 당시에도 이런 가능성은 고려했기 때문이다.

부동산 투자를 하다 보면 이런저런 변수가 많다. 오히려 계획했던 대로 진행된 적이 별로 없었다. 그래서 항상 대안을 생각한다. 나는 이 토지가 바다 조망이 가능하다는 사실에 큰 가치를 두었다. 그리고 현재 호텔을 지을 정도라면, 나중에 상황이 변했을 때 다시 공사를 재개할 가능성이 크다고 봤다. 이미 시행사와 시공사가 이곳에 많은 돈을 투자했다는 점도 고려했다. 그리고 바다 조망이 가능한 토지는 시간이 흐르면서 가치가 올라갈 것이라고 생각했다. 무엇보다 토지를 매수했을 때 다른 투자 수익금으로 산 것이라 자금에도 큰 부담이 없었다.

여수 해양박람회가 성황리에 끝난 후, 여수에는 몇 가지 변화가 찾아왔다. 첫 번째, 기반시설이 좋아졌다. 여수는 남해안 중앙의 여수반도에 위치한다. 여수를 가려면 순천을 지나가야 하는데, 순천에서 여수로 넘어가는 길이 굉장히 구불구불하다. 그래서 교통사고도 빈번했다. 그러다가 여수 해양박람회 개최를 앞두고 도로를 정비했다. 순천-여수 자동차전용도로(38.8km)를 박람회 개최 전에 완공했다. 자동차전용도로

〈해당 토지 조망〉

는 거의 고속도로 수준이었다. 통행 시간 역시 기존의 1시간에서 30분으로, 절반 수준으로 단축되었다.

또한 KTX가 개통되었다. 호남고속철도가 개통되면서 광주와 목포, 여수에도 고속철도가 운행되었다. 용산에서 여수까지 2시간 40분 만에 이동이 가능하다. KTX가 다니기 전까지만 해도 여수는 무궁화호 기준으로 수도권에서 6시간이나 걸려야 갈 수 있었던 곳이었다. 그런데 고속철도가 놓이면서 당일치기 관광이 충분히 가능해졌다. 접근성이 좋아지자 수도권 관광객들에게는 여수가 '꼭 한번 가보고 싶은 도시'가 되었다.

두 번째, 관광객이 밀려들었다. 도로와 철도 여건이 좋아지자 관광객들이 몰려들었다. 해양박람회를 진행하면서 만들었던 인프라가 그대로 남아 있고, 오동도와 향일암 낭만포차, 케이블카, 해수욕장, 맛집 등을 둘러볼 수 있게 되었다. SNS를 통해 여수의 매력적인 모습이 알려지자 관광객의 수는 더 늘어났다. 2015년 한 해에만 관광객이 1,300만 명을 넘어섰다. 이후 5년 연속 한 해 관광객이 1,300만 명을 넘어섰다. 우리 나라 국민 4명당 1명은 여수를 1년에 한 번씩 다녀온다는 이야기다.

관광객이 많아진 것은 코레일도 한몫했다. 코레일에서는 국내여행 을 장려하고자 기차를 자유롭게 이용할 수 있는 '내일로 패스' 상품을 만들었다. 만 25세 이하를 대상으로한 5만 6,500원짜리 내일로 패스 를 구입하면 7일간 전 노선의 새마을호·누리로·무궁화호·통근열차의 자유석 및 입석을 이용할 수 있다. 만 25세가 넘으면 '하나로'와 '다소 니패스'로 자유여행을 즐길 수 있다.

세 번째, '여수 밤바다'라는 히트곡이 나타났다. 한 유명 가수의 노래 '여수 밤바다'가 공전의 히트를 쳤다. 지금까지도 많은 사람들에게 사 랑을 받고 있는데, 이 노래 덕분에 여수를 찾는 관광객이 늘었다. 지금 도 많은 연인들이 여수 밤바다를 보기 위해 KTX에 몸을 싣고 있다.

시간이 흐르면서 주변 환경이 변했다. 박람회장 주변에는 호텔이 들 어섰다. 상황이 이렇게 변하자 기존의 시행사를 중심으로 사업을 다시 진행하려는 움직임이 일었다. 이 무렵에 토지를 팔라는 연락이 왔다. 전화번호를 알 수는 없으니 등기부등본상의 주소로 찾아가서 내 연락 처를 물었다고 했다. 상대방은 내게 매도 의사를 물었고, 나는 매도할 의향이 없다고 했다.

호텔을 짓는 일은 큰 사업이다 보니 순조롭게 진행되지는 않았다. 그 런데 2020년에 큰 변화가 생겼다. 호텔 부지 중에서 시행사가 소유하

〈경매 정보〉

던 필지 전부가 경매로 나온 것이었다. 시행사는 경영난 때문에 더 이상 사업을 진행할 여력이 없었던 모양이었다. 경매로 소유자가 바뀌면 새로운 소유자가 사업을 진행할 것이었다.

감정가는 39억 원 정도였고, 신건에 약 180억 원에 낙찰되었다. 필지의 면적이 약 9천 평임을 감안하면 평당 200만 원에 낙찰된 셈이다. 이를 어떻게 해석해야 할까? 나는 83평을 2,135만 원, 그러니까 평당 25만 원에 낙찰을 받았다. 물론 낙찰을 받고 9년이 지났으니 그사이에 평당 25만 원이던 토지가 평당 200만 원이 되었다고 생각할 수 있다. 이제 경매로 팔아도 평당 200만 원인 토지로 변했다. 9년이라는 시간이 지나기는 했지만 그래도 상당히 많이 오른 편이다.

새로운 낙찰자가 정해지자 본격적인 협의가 시작되었다. 낙찰자는 이 부지에 호텔을 짓고 싶어했다. 그런데 호텔을 지으려면 토지의 전부를 확보해야 했다. 문제는 호텔 부지에 낙찰자의 토지를 제외하고 몇 필지의 사유지가 있었던 것이다. 내가 낙찰받은 토지도 여기에 해당했다. 그래서 낙찰자는 이 토지를 반드시 매수해야 했다. 협상은 지루하게 이어졌다.

나는 서울의 땅값을 근거로 평당 2천만 원을 제시했고, 낙찰자는 본인들의 제시안에 응하지 않을 경우 토지를 수용하겠다고 응수했다. 그렇게 수개월이 지났다. 그사이에 나는 관련 부서에 토지 수용 가능성을 문의했고, 나름의 준비를 마쳤다. 안타깝게도 관련 부서에서는 "토지를 수용할 수 없다"라고 했다. 토지를 수용한다는 것은 공익사업을 한다는 의미인데, 민간기업이 본인들의 이익을 위해 건설하는 호텔 부지를 수용할 수는 없는 일이었다. 그렇게 수용이 불가능하다는 사실을 확인하자 이제는 모든 것이 명확해졌다. 낙찰자는 이 토지를 반드시 매수해야만 사업을 진행할 수 있었다. 그렇게 또다시 지루한 줄다리기가 이어졌다.

나는 최초에 평당 2천만 원을 제시했다. 그리고 평당 1,700만 원, 1,500만 원, 1,400만 원으로 깎아주면서 폭을 점차 줄였다. 협상의 법칙은 먼저 금액을 높게 제시해서 앵커링을 하고, 이후 깎아주는 폭을 줄이는 것이다. 그래서 상대방으로 하여금 깎아주는 금액의 한계를 인지하도록 만드는 게 핵심이다.

그렇게 몇 달을 더 협의한 끝에 2021년 3월, 드디어 매매 계약을 체결했다. 지루한 협상에 종지부를 찍는 순간이었다. 2,135만 원에 낙찰받은 토지는 10년이라는 시간을 먹고 자랐고, 멋진 호텔을 지으려는 대기업이 8억 원에 매수했다. 앞으로 몇 년만 지나면 이곳에는 여수를 대표할 만한 호텔이 지어질 것이다.

포스트 여수는 어디일까?

여수의 토지가격이 많이 오른 것은 철도와 도로가 개통되어서다. KTX가 개통되면서 수도권을 비롯한 타지의 관광객들이 여수를 찾았고, 그 결과 안락한 숙소와 예쁜 카페 등이 새로 생겨났다. 관광객들은 숙소나 카페에서 사진을 찍고는 SNS에 올렸고, 입소문을 타면서 여수를 찾는 관광객이 점점 늘어났다.

우리는 앞으로 '제2의 여수'를 찾아야 한다. 포스트 여수는 어디일까? 바로 거제와 안성이다. 자세한 내용은 다음과 같다.

거제

거제도는 경상남도 남부에 위치한다. 제주도 다음으로 큰 섬이자 인구가 약 24만 명이다. 역사적으로 보면 이순신 장군이 첫 승리를 올린 옥포해전을 치른 장소다. 또한 병자호란 때 쌍령전투, 한국전쟁 때 현리전투와 함께 한국사 3대 패전 중 하나인 칠천량해전의 장소이기도 하다. 1970년대 이전에는 농·수산업이 주를 이루는 시골 마을이었으나 거제대교가 개통되고 조선소가 들어서면서 조선업이 발달했다.

조선업을 포함한 제조업이 산업의 65%를 차지하고 관광업과 수산업이 그 뒤를 따르고 있다. 대우조선해양과 삼성중공업을 비롯해 400여 개의 협력업체가 있다. 따뜻한 기후와 리아스식 해안 덕택에 섬이 많고 해안절벽, 몽돌해변, 모래해변, 갯벌, 산과 숲 등 관광자원이 풍부하다. 대표적으로 외도, 신선대, 홍포, 소매물도, 계룡산 전망대, 대금산, 해금강 수국길, 매미성 등이 유명하다.

거제는 2027년에 KTX가 개통한다. 국토교통부는 2022년에 '남부내륙철도 건설사업' 기본계획을 고시했다. 남부내륙철도는 2019년에 선정된 국가균형발전 프로젝트 23개 사업 중 하나로, 사업비가 최대 규모다.

남부내륙철도는 2027년 개통을 목표로 한다. 국비 4조 8,015억 원을 투입해 김천에서 거제까지 단선철도 177.9km(최고 속도 250km/h)를 잇는 사업으로, 정거장 5곳과 차량기지 1곳을 건설한다. 향후에 철도 건설이 완료되면 수도권에서 출발한 KTX

〈남부내륙철도〉

와 SRT가 거제까지 운행될 것이다. 기존에 4시간 30분 걸리던 것이 2시간 50분으로 대폭 단축될 예정이다.

수서-광주(기본 계획 중), 이천-문경(2023년 12월 예정), 문경-김천(예비타당성 조사 중) 철도가 완성되면 중부선 수서-거제 간 철도는 수도권과 중남부권을 잇는, 명실상부한 한반도 중심축 철도교통망으로 부상하게 될 것이다.

거제의 고속철도 역사는 2021년 9월 전략환경영향평가서 본안에 공개된 사등면 사곡리(거제대로 5513 일원) 일대로 확정되었다. 정거장 인근에는 대규모 철도차량기지

〈남부내륙철도〉

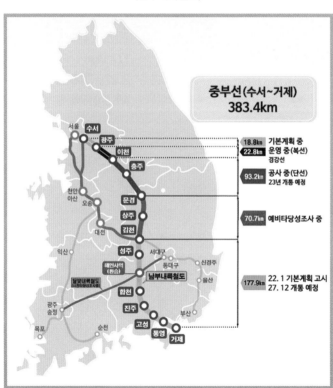

도 함께 들어설 예정이라 성내공단과 사곡삼거리 주변 일대는 거제 발전의 축으로 부상할 전망이다.

거제KTX는 2027년에 개통될 예정이다. 다소 시간적인 여유가 있다. 실제로 땅값이 오르려면 관광객이 늘어야 하고, 거제의 주력 산업인 조선업의 상황도 좋아야 한다. 2022년은 투자자들 사이에서 조선업 부활의 원년으로 보는 시기다. 이러한 사정을 감안하면 거제의 토지 중에서 조망이 잘 나오는 토지, 건축이 가능한 토지, 접근성이 좋아질 토지에 관심을 두어야 한다.

📍
안성

2022년에 개통하는 구간 중에서 관심을 가져야 하는 곳이 바로 안성이다. 세종포천고속도로는 세종시 장군면과 포천시 신북면을 잇는 고속도로다. 전체 구간 중에서 구리-포천 구간은 2017년 6월에 개통되었다. 처음에는 민자사업으로 계획되어 구리-포천 구간이 1단계로 완공되었다. 이후 세종-구리 구간이 시급한 사업이라 한국도로공사의 재정사업으로 변경되었다. 이후 전 구간 개통 예정 시기가 1년 6개월이나 단축되었고, 2024년 완공을 목표로 하고 있다.

세종포천고속도로는 3개의 구간으로 나뉜다. 먼저 구리-안성 구간이 당초 계획보다 1년 앞당겨지면서 2022년에 개통될 예정이다.

세종포천고속도로는 총 사업비 8조 1천억 원이 투입되는 사업으로, 왕복 6차선 130.2km 규모로 진행된다. 애초에는 초이IC 기본설계(안)에 구리 방향 상행선 진출

〈구간별 개통 시기〉

구간	상황	개통 시기
포천-구리	개통	2017년 6월 개통
구리-안성	공사 중	2022년 12월 개통 예정
안성-세종	공사 중	2024년 6월 개통 예정

입로가 반영되지 않은 데다, 수도권제1순환고속도로와 세종포천고속도로가 만나는 서하남JCT의 경우, 하남에서 성남 방향으로 진행할 때 서울 방향 및 세종 방향 이용을 위한 진입로가 반영되지 않은 채 설계되었다.

또한 고속도로 개설로 인해 교통편의를 기대했던 하남 지역의 경우 진·출입로가 초이IC 단 한 곳뿐이라서 구리 방향 상행선도 IC가 없어 시민들의 불편이 예상되었다. 이에 따라 한국도로공사는 입장을 바꾸었다. 초이IC 양방향 진출입이 가능하게끔 추진했고, 이를 바탕으로 본격적인 개설 작업에 들어갔다.

세종포천고속도로 구리-세종 구간은 하루 약 10만 대의 교통량을 처리하는 국토간선도로망이다. ICT기술이 융합된 스마트하이웨이로 구축할 계획이다. 세종포천고속도로 전 구간이 개통되면 구리에서 세종까지 평일 108분, 주말 129분에서 74분으로, 30분 이상 단축될 것이다. 국토교통부는 "새 도로가 개통되면 기존의 경부·중부고속도로 혼잡 구간이 60% 정도 줄고, 통행 속도는 시간당 약 10km 증가할 것"이라고 전망했다.[06]

---

06   국토교통부 보도자료(2020년 12월 23일)

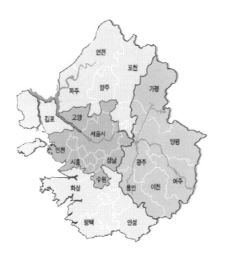

〈수도권 정비계획법〉

	과밀억제권역	성장관리권역	자연보전권역
행정구역	서울시 등 16개 시	동두천 등 12개 시, 3개 군	이천시 등 5개 시, 3개 군
면적 (1만 1,745km2)	2,042km^2 (17.4%)	5,865km^2 (49.9%)	3,838km^2 (32.7%)
인구 (2,447만 명)	1,935만 명 (79.1%)	414만 명 (16.9%)	98만 명 (4%)
규제 내용	인구·산업 분산	계획 개발 목적 입지·행위 규제	한강 수질 및 녹지 보전

안성은 그동안 경기도의 변방이었다. 그래서인지 주택가격이 수도권보다 지방의 주기와 궤를 같이했다. 수도권에 있지만 수도권답지 않은 느낌이었다. 그 이유는 교통 때문이다. 2022년을 기준으로 했을 때 안성시청에서 구리시청까지 가려면 대중교통으로 2시간 30분 정도가 걸린다. 광주광역시에서 SRT를 타고 수서로 가면 1시간

〈수도권 정비계획법에 따른 수도권의 구분〉

구분	의미
과밀억제권역	인구와 산업이 지나치게 집중되었거나 집중될 우려가 있어 이전하거나 정비할 필요가 있는 지역
성장관리권역	과밀억제권역으로부터 이전하는 인구와 산업을 계획적으로 유치하고, 산업의 입지와 도시의 개발을 적정하게 관리할 필요가 있는 지역
자연보전권역	한강 수계의 수질과 녹지 등 자연환경을 보전할 필요가 있는 지역

50분이 걸리는데, 이보다 40분이나 더 걸리는 셈이다. 그래서 안성은 경기도에서 토지가격이 저렴한 곳 중 한 곳이었다.

그런데 세종포천고속도로가 완공되면 안성에서 서울까지 30분대에 진입할 수 있다. 그래서 안성시 토지가격은 2019년 착공 이후로 꾸준히 오르고 있다. 2020년 표준지 공시지가는 약 3.53%, 2021년 표준지 공시지가는 7.66% 상승했다. 토지가격은 고속도로가 실제 개통을 하고 주민들이 그 도로를 이용했을 때 더 많이 오른다. 따라서 안성 토지의 가격은 지금보다 세종포천고속도로의 구리-안성 구간이 개통했을 때 빛을 발할 확률이 더 높다. 아직 늦지 않았다. 그러니 지금부터라도 안성에 관심을 가져보자.

안성 토지에 투자할 때 고려해야 할 점이 있다. 바로 수도권 정비계획법에서 정한 수도권의 구분이다. 수도권 정비계획법에서는 위 도표와 같이 수도권을 3개의 권역으로 구분하고 있다.

안성은 독특하게도 성장관리권역과 자연보전권역에 걸쳐 있다. 그래서 안성 토지에

〈안성시 권역 구분〉

성장관리권역	자연보전권역
가사동, 가현동, 명륜동, 숭인동, 봉남동, 구포동, 동본동, 영동, 봉산동, 성남동, 창전동, 낙원동, 옥천동, 현수동, 발화동, 옥산동, 석정동, 서인동, 인지동, 아양동, 신흥동, 도기동, 계동, 중리동, 사곡동, 금석동, 당왕동, 신모산동, 신소현동, 신건지동, 금산동, 연지동, 대천동, 대덕면, 미양면, 공도읍, 원곡면, 보개면, 금광면, 서운면, 양성면, 고삼면, 죽산면 두교리·당목리·칠장리 및 삼죽면 마전리·미장리·진촌리·기솔리·내강리	일죽면·죽산면· 죽산리· 용설리·장계리·매산리·장릉리· 장원리·두현리 및 삼죽면 용월리·덕산리·율곡리·내장리·배태리

투자할 때는 이를 반드시 확인해야 한다. 토지이음에서 지번을 입력하면 정보를 확인할 수 있다. 〈안성시 권역 구분〉 도표를 참고해도 좋다.

공시지가 자료가 제공된 1990년부터 2021년까지의 공시지가를 비교해보면, 성장관리권역은 대략 10배 상승했다. 반면에 자연보전권역은 대략 3~4배 상승했다. 이렇게 보면 자연보전권역보다는 성장관리권역에 관심을 갖는 것이 좋다.

5년 동안 500%나 오른
소액 토지 ❶

제주도는 우리나라 최고의 관광지이자 앞으로도 지속적으로 땅값이 오를 곳이다. 토지가격에 영향을 주는 요소가 인구와 도로인데, 제주도 인구는 2000년 54만 명에서 2021년 67만 명으로, 약 24% 증가했다. 앞으로도 제주도 인구는 증가할 것으로 예상한다.

그런데 문제는 인구가 증가하면 주택이 부족하다는 것이다. 제주도는 섬이기 때문에 새로운 토지를 공급하는 것도 불가능하다. 그렇다면 결국 기존의 부지에 건물을 '더 넓고 더 높게' 지을 수밖에 없다. 자연스럽게 토지가격은 상승한다. 그래서 제주도 토지에 항상 관심을 가져야 한다.

나는 수년 전에 제주도의 한 토지를 공매로 낙찰받았다. 보통 세금을 체납하면 세무서에서는 자산관리공사에 위탁하고, 자산관리공사에서는 체납자의 부동산을 공매처분한다. 경매와 비교했을 때 공매의 가장

〈제주도 토지〉

큰 특징은 전자입찰을 한다는 점이다. 경매는 본인이든 대리인이든 법원 방문이 필수이지만 공매는 '온비드' 사이트를 통해 전자입찰을 하기 때문에 무척 편리하다. 보통 월요일 오전 10시부터 수요일 오후 5시까지 입찰하면 된다.

이 물건도 이렇게 공매로 낙찰받았다. 전체 면적이 약 196평인 토지다. 원래는 매도자의 아버지 명의였는데, 아버지가 돌아가시면서 자녀들에게 상속이 되었고 그중 한 명의 지분이 공매로 나온 것이다. 상속인의 지분으로 면적을 환산하면 47평쯤이다. 그러니까 전체 면적 196평 중에 47평이 지분의 형태로 공매로 나온 것이다. 위치는 제주시 한림읍 협재리로, 협재해수욕장에서 가깝다.

보통 제주도는 제주시를 기준으로 서쪽의 땅값이 비싼 편이다. 제주시 시내에서 멀어질수록 토지가격이 싸다. 협재는 제주시에서 30분 내로 갈 수 있어서 협재해수욕장, 금능해수욕장, 비양도, 한림공원 등이 항상 관광객으로 붐빈다.

일반적으로 부동산이 지분 형태로 경매나 공매에 나오면 유찰이 많이 된다. 그만큼 관심을 가지는 사람이 적다는 뜻이다. 낙찰을 받더라도 본인을 제외한 다른 사람은 보통 가족 관계다. 그렇다 보니 추후에 토지를 팔고 싶어도 공유자들이 모두 동의를 해야 한다. 그런데 가족 중 한 명의 지분을 낙찰받아서 함께 공유자가 된 사람을 호의적으로 대하는 경우는 거의 없다. 그래서 추후 매도를 할 때 협의가 잘 안 된다. 매도할 때만이 아니다. 사용할 때도 마찬가지다.

공동소유는 특정한 위치를 구분해서 소유하는 것이 아니다. 지분의 효력이 물건 전체에 미치기 때문이다. 그래서 공동소유하고 있는 부동산을 사용하는 일부터 협의하기가 어렵다. 그래서 유찰이 많이 된다. 이 물건 역시 감정가격 1,500만 원에서 수차례 유찰되어 감정가의 45%선까지 유찰되었다. 그리고 단독으로 낙찰받았다. 낙찰가격을 평으로 환산하면 평당 14만 8천 원이다. 평당 15만 원 선에 제주도 토지를 취득한 셈이다.

낙찰 당시에 주변 시세는 평당 30만 원쯤으로 봤다. 평당 30만 원인 토지를 평당 15만 원에 취득한 것이니 나쁘지 않다. 토지에 문제가 있었던 것도 아니었다. 오로지 지분의 형태로 공매에 나왔다는 점 때문에 저렴하게 취득할 수 있었다.

이렇게 제주도 토지를 취득하고 몇 년이 지났다. 당시에는 제주도에 토지가 있다는 것만으로도 상징적인 의미가 있어서 계속 보유했다. 그저 제주도에 땅이 있다는 사실이 좋았다. 그러다가 제주도에 큰 변화가 생겼다. 정부가 투자이민제를 실시하면서 외국인이 물밀 듯이 들어왔고, 그중에서도 중국인이 가장 많은 비중을 차지했다. 이 물건을 낙찰받았던 2012년의 제주도 인구는 58만 명이었는데, 2016년에는 64만 명이었다. 4년 만에 제주도 인구가 10%나 늘었다. 따라서 토지가격은 오를 수밖에 없었다.

나는 가격이 오르자 토지를 팔고 싶다는 생각이 들었다. 얼마에 팔릴지 기대가 되기도 했다. 그래서 토지를 팔기로 마음먹었다. 그러고는 법원에 '공유물분할청구'를 해서 판결문을 받았다. 공유물분할청구는 공동으로 소유하고 있는 부동산을 분할해달라고 법원에 청구하는 것을 말한다. 법원에서는 토지의 모양이나 현황을 참고해 토지로 분할을 하든지, 공유자들이 낙찰자의 지분을 인수하든지, 공유물 전부를 다시 경매로 팔아 지분 비율대로 나누는 방법 중 하나를 선택한다.

매도하려는 토지는 도로에 접하는 부분이 반듯하지 않아 토지로 분

〈전체 토지 낙찰〉

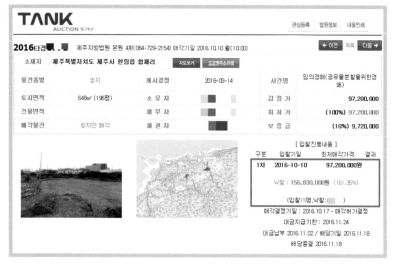

할하기는 힘들었다. 게다가 공유자들이 낙찰자의 지분을 인수할 생각이 없었기에, 나는 공유물 전부를 다시 경매로 팔기로 결정했다.

그렇게 공유물 전부가 경매에 나왔고 신건에 감정가의 160% 선에서 낙찰되었다. 전체 면적이 196평이고 낙찰가가 1억 5,683만 원이니, 평당 낙찰가는 80만 원 정도였다. 처음에 평당 15만 원에 취득했으니 단순 계산해봐도 4년 만에 5배 넘게 올랐다.

정리해보면 평당 15만 원에 토지를 매수해서 4년 정도 보유하고, 평당 80만 원에 판 것이다. 물론 자세히 살펴보면 4년 사이에 5배가 오른 것은 아니다. 취득할 때는 시세가 평당 30만 원이었으니 당시 시세 기준으로 계산하면 약 2.6배 올랐다. 다만 공매로 취득했고 시세의 반값인 15만 원 선에 낙찰을 받았으니 계산상으로는 5배 정도가 된다. 그

목록	지번	토지이용계획	용도/구조/면적	㎡당	감정가	비고
토지	협재리	제1종일반주거지역,가축사육제한구역〈가축분뇨의 관리 및 이용에 관한 법률〉	전 648㎡	150,000원	97,200,000원	• 일부 타인점유 및 주차장, 경계선상 정자 및 추모비 소재
제시외기타	협재리 1 목조		단층 정자	9㎡		1,000,000원	매각제외
감정가				합계		97,200,000원	토지만 매각

■ 물건현황 　　감정원: 대화감정평가 / 가격시점: 2016.03.29

• 본건은 "협재우체국" 남서측 인근에 위치하며, 주위는 우체국, 마을회관, 단독주택, 근린생활시설, 전 등이 혼재하는 해안가주변 주거지역임.
현황 위치
• 본건까지 제차량 진입이 곤란하여 제반교통사정은 보통이하임.
• 대체로 평지인 유사 자루형의 토지로서, 대부분 전으로 일부 주차장부지 및 인접토지 정원 등으로 이용중임.
• 지적상 서측으로 노폭 약 2미터 내외의 도로에 접하나 현황 폐도상태이며, 본건과 연결된 도로부분은 인접지번(1602번지)에서 점유하여 사용중인 것으로 판단됨.

렇다면 이 토지는 지금 어떻게 되었을까?

위 기록은 2016년 공유물 전부가 경매로 낙찰될 당시의 경매 기록이다. 용도지역이 '제1종일반주거지역'이라고 되어 있다. 이 물건은 취득 당시부터 매도 시점까지 계속 제1종일반주거지역이었다.

그런데 2022년 1월 기준으로 제2종일반주거지역이다. 제1종일반주거지역이 좋은 걸까, 제2종일반주거지역이 좋은 걸까? 당연히 제2종일반주거지역이 더 좋다. 제2종일반주거지역이 제1종일반주거지역보다 건물을 더 넓고 높게 지을 수 있기 때문이다. 무엇보다 제1종일반주거지역에서는 아파트를 지을 수 없는데, 제2종일반주거지역에서는 아파트를 지을 수 있다. 결과적으로 보면 '아파트를 지을 수 없는 땅'에서 '아파트를 지을 수 있는 땅'으로 용도가 바뀌었다.

당연히 땅값도 오를 수밖에 없다. 제주시청에 확인해보니 이 토지는 내가 땅을 판 이듬해인 2017년 4월에 제1종일반주거지역에서 제2종일반주거지역으로 용도지역이 바뀌었다. 이렇게 용도가 바뀌면 토지가

〈토지이용계획확인서〉

격은 평균 40~50% 상승한다. 물론 지역에 따라 2배 넘게 상승하기도 한다. 이 지역의 제2종일반주거지역의 토지는 2022년을 기준으로 평당 200만 원을 호가한다. 최초 낙찰 당시의 가격이 평당 15만 원이었던 걸 감안하면 10배 넘게 오른 셈이다. 이처럼 좋은 지역의 토지는 팔아야 할 이유가 없다.

제주도는 지금도 좋은 투자처일까?

통계청에서 2019년 6월에 '장래인구특별추계' 자료를 발표했다. 이 자료는 인구총조사를 기초로 시도별 인구변동 요인 추이를 반영해 미래 인구변동 요인을 가정하고, 향후 30년간의 시도별 장래인구를 전망한다. 연구 결과 2017년 대비 2047년에 6개 시·도(경기, 세종, 충남, 제주, 충북, 인천)의 인구는 증가하고, 그 외 11개 시도의 인구는 감소할 것으로 전망했다.

경기도 인구는 2017년 1,279만 명에서 2047년 1,399만 명으로, 서울 인구는 2017년 977만 명에서 2047년 832만 명 수준으로 감소할 전망이다. 지방 광역시 역시 부산 74만 명, 대구 46만 명, 광주 23만 명, 울산 19만 명으로 각각 줄어들 전망이다. 반면에 세종 인구는 2017년 대비 2047년에 124%가 늘어난 약 33만 명이 증가할 것으로 예상하고, 제주도는 23.5%인 15만 명이 증가할 것으로 예상한다. 2017년 제주도 인구가 63만 명인 점을 감안하면 2047년 제주도 인구는 78만 명으로, 약 15만 명이 늘어나는 것이다. 서울과 지방 광역시, 그 외 상당수 지역들의 인구가 줄어드는 추세임을 감안하면 제주도의 인구 증가는 의미가 깊다.

관광객도 증가하고 있다. 통계청에서 발표한 자료(2021년 12월)에 따르면, 2020년에 제주를 찾은 관광객은 1,023만 6천 명으로 2010년 대비 265만 8천 명 증가했다. 10년 동안 35.1% 늘어난 수치다. 외국인 관광객은 줄었지만 내국인 관광객이 늘었다. 제주도는 우리나라 제일의 관광도시이고, 그에 걸맞은 인프라와 관광자원을 보유하고 있어 앞으로도 관광객이 꾸준히 늘어날 전망이다.

제주도 전체 면적이 1,846km²인데 이 중 한라산이 차지하는 면적이 1,820km²이다. 한라산이 차지하는 비중이 매우 넓다. 게다가 환경을 보호하고자 개발 행위에 규제를 두어 실제 활용이 가능한 토지는 제주도 면적의 20% 이하에 불과하다. 제주도에서 좋은 토지를 찾기가 힘든 만큼, 자산 가치는 꾸준히 상승할 것으로 예상한다.

제주도 지가 역시 꾸준히 상승하고 있다. 2019~2020년에는 지가가 잠시 하락했지만 이는 급등 후에 나타나는 '쉬어가는 기간'에 불과했다. 오히려 2021년 3분기에는 0.91% 상승하면서 새로운 도약을 준비했다. 그러므로 제주도 토지에는 항상 관심을 갖는 게 좋다.

03

5년 동안 500%나 오른
소액 토지 ❷

 토지가격이 5년 동안 500%나 오른 사례는 또 있다. 이번에는 공매로 낙찰받은 물건을 살펴보자. 경매를 하려면 입찰을 위해 법원에 가야 한다. 반면에 공매는 전자입찰이라서 현장에 가지 않아도 된다. 직접 찾아가야 하는 수고로움이 없으니 무척 편하다.

세종시 한 토지의 공매가 진행 중이었다. 최저입찰가도 300만 원 남짓이라 무척 저렴했다. 세종이 어떤 도시인가? 발전 가능성이 무궁무진한 곳이다. 그래서 전국적으로 많은 관심을 받고 있는 지역이다.

2018년 11월 1일에 국토교통부가 발표한 자료에 따르면, 2017년 12월 말 기준 '토지소유현황'에서 세종시 토지 소유자의 관내 거주 비율은 20%였다. 이는 세종시에 토지를 보유한 사람들 중에서 80%가 외지인이라는 이야기다. 외지인이 토지를 소유한 비율이 전국에서 가장 높았다.

〈토지이용계획확인서〉

소재지	세종특별자치시 소정면 고등리 ▦ ▩▦		
지목	전 ❓	면적	1,511 ㎡
개별공시지가(㎡당)	60,000원 (2021/01) 연도별보기		
지역지구등 지정여부	「국토의 계획 및 이용에 관한 법률」에 따른 지역·지구등	계획관리지역 , 기타용도지역지구기타(성장관리지역) , 기타용도지역지구기타(성장관리지역, 산업형)	
	다른 법령 등에 따른 지역·지구등	가축사육제한구역(전부제한구역)<가축분뇨의 관리 및 이용에 관한 법률>	
「토지이용규제 기본법 시행령」 제9조 제4항 각 호에 해당되는 사항			

나는 공매가 진행되고 있는 해당 토지의 등기부등본을 떼어보았다. 2명이 공동소유를 하고 있었고, 지분은 1345/1511와 166/1511이었다. 이 중에서 166/1511 지분이 공매로 나왔다. 경매나 공매로 나온 토지들 중에는 지분의 형태로 진행되는 물건이 많다. 이럴 때는 다음의 사항을 고려해서 검토하는 것이 좋다.

첫 번째, 전체 면적이 넓을수록 좋다. 이는 중요한 내용이다. 경매나 공매에 나온 지분의 면적이 넓을수록 좋다는 게 아니다. 토지의 전체 면적이 넓을수록 좋다는 뜻이다. 대부분의 토지는 넓을수록 좋다. 특히 농지라면 더욱 그렇다. 근데 '넓다'라는 단어의 의미가 모호하다. 구체적으로 보면, 농지의 경우 전체 면적이 500평 이상인 토지가 좋다.

두 번째, 공유자는 적을수록 좋다. 공유자는 공동소유하고 있는 사람의 수를 말한다. 공동소유란 하나의 물건을 2인 이상이 공동으로 소유하는 것을 말한다. 공유자가 많으면 협의도 잘 안 되고, 공유물분할청구시 송달의 문제가 생길 수도 있다. 공유물분할청구에 들어가는 비용

<세종시 토지>

은 신청자 부담인데, 공유자가 많으면 송달료가 많이 든다. 그래서 공유자가 많은 것보다는 적을수록 좋다. 5명 이하면 적당하다고 본다.

세 번째, 시세의 절반 이하로 낙찰받는 것이 좋다. 여기서 중요한 것은 '시세'다. 감정평가액이 아니다. 감정평가액은 1회차 최저입찰가를 정하는 기준이 될 뿐이다. 그러니 감정평가액의 50% 이하로 낙찰받았다고 좋아해서는 안 된다. 시세의 50%가 되는지를 확인해야 한다.

앞서 살펴본 3가지 기준에 따라 다시 한 번 물건을 보자. 전체 면적이 1,511㎡이니 457평이다. 500평에는 미치지 못하지만 이 정도는 괜찮다. 공유자는 2명이므로 5명 이하의 기준에 부합한다. 주변의 거래사례를 찾아보니 인근 토지가 2015년에 평당 57만 원 선에서 거래되었다. 이 물건의 근처로 공익사업 목적으로 토지보상을 실시했는데, 그때 농림지역의 농지를 평당 35만 원에서 40만 원 선으로 보상을 했다.

이 물건은 계획관리지역이다. 다만 도로가 없어서 아쉽다. 그리고 토지 일부에 전 소유자의 가족으로 추정되는 분묘가 있다. 그래서 토지 이용에 어느 정도 제약이 있었다. 이를 감안하더라도 세종시의 계획관리지역의 농지가 최저입찰가 7만 원 정도라면 '싸다'고 생각했다. 나는 결국 입찰에 참여했고, 감사하게도 낙찰을 받았다.

이후 공유물분할청구를 진행했고 판결문을 받았다. 상대방은 변론기일에 법원에 출석하지 않았고, 원고가 청구한 그대로 인용되었다. 공유자가 2명이라 비교적 쉽게 협의가 될 것으로 기대했지만 막상 그렇지는 못했다. 물론 중간에 상대방에게 연락이 와서 협의를 하기는 했지만 이견 차이만 확인했다. 판결문의 핵심 내용은 아래와 같다.

【주문】

1. 별지 목록 기재 부동산을 경매에 부쳐 그 대금에서 경매비용을 공제한 나머지 금액을 원고에게 166/1,511의, 피고에게 1,345/1,511의 각 비율로 분배한다.
2. 소송비용은 각자 부담한다.

【판단】

원고는 이 사건 부동산의 공유자로서 다른 공유자인 피고에게 그 분할을 청구할 수 있다. 나아가 공유물분할의 방법에 관하여 보건대, 일반적으로 재판에 의한 공유물분할의 방법은 현물분할이 원칙이고, 현물로 분할할 수 없거나 현물분할을 하게 되면 현저히 그 가액이 감손될 염려가 있는 때에는 경매를 명하여 대금분할을 할 수 있는 바, 대금분할에 있어 '현물로 분할할 수 없는 경우'라 함은 이를 물리적으로 엄격하게 해석할 것은 아니고, 공유물의 성질, 위치나 면적, 이용 상황, 분할 후의 사용가치 등에 비추어보아 현물분할을 하는 것이 곤란하거나 부적당한 경우를 포함한다. 살피건대, 원고가 이 사건 부동산의 대금분할을 청구함에 대하여 피고가 아무런 답변을 하지 아니하는 점, 원고와 피고의 이 사건 부동산 지분 취득 경위 등 이 사건 변론에 나타난 제반 사정을 참작하여 보면, 이 사건 부동산은 현물분할이 곤란하거나 현물분할하는 것이 부적당한 경우에 해당한다고 보이므로, 이 사건 부동산을 경매에 부쳐 그 대금에서 경매비용을 뺀 나머지 금액을 원고와 피고의 각 공유지분 비율에 따라 분배하는 방법으로 분할함이 상당하다.

【결론】

그렇다면 공유물인 이 사건 부동산의 분할에 관하여 위와 같이 정하기로 하여 주문과 같이 판결한다.

판결이 이와 같이 난 이유는 무엇일까? 공유물분할청구를 하면 법원에서는 3단계에 걸쳐 판단을 한다. 바로 '현물분할-가액배상-형식적 경매'다.

〈공유물분할의 절차〉

현물분할   가액배상   형식적 경매

현물분할은 토지를 현물로 분할하는 것을 말한다. 공유물분할은 현물분할이 원칙이다. 그런데 현물분할이 쉽지 않은 경우도 있다. 이 물건처럼 도로가 없어서 공평하게 분할할 수 없거나 상대방이 원고의 청구에 응하지 않아 답변서까지 제출하지 않는 경우가 그렇다.

현물분할이 불가하면 가액배상을 고려한다. 가액배상은 공유자 중 한 명이 다른 공유자의 지분을 인수하는 것을 말하는데, 보통은 낙찰자의 지분을 공유자가 인수한다. 하지만 이 물건도 상대방이 답변서를 제

【판결요지】

[1] 재판에 의한 공유물분할은 각 공유자의 지분에 따른 합리적인 분할을 할 수 있는 한 현물분할을 하는 것이 원칙이나, 대금분할에 있어 '현물로 분할할 수 없다'는 요건은 이를 물리적으로 엄격하게 해석할 것은 아니고, 공유물의 성질, 위치나 면적, 이용 상황, 분할 후의 사용가치 등에 비추어보아 현물분할을 하는 것이 곤란하거나 부적당한 경우를 포함한다 할 것이고, '현물로 분할을 하게 되면 현저히 그 가액이 감손될 염려가 있는 경우'라는 것도 공유자의 한 사람이라도 현물분할에 의하여 단독으로 소유하게 될 부분의 가액이 분할 전의 소유지분 가액보다 현저하게 감손될 염려가 있는 경우도 포함한다.

[2] 민법 제268조가 규정하는 공유물의 분할은 공유자 상호간의 지분의 교환 또는 매매를 통하여 공유의 객체를 단독 소유권의 대상으로 하여 그 객체에 대한 공유관계를 해소하는 것이므로 분할의 대상이 되는 것은 어디까지나 공유물에 한한다.

대법원 2002. 4. 12. 선고 2002다4580 판결

출하지 않았고 두 번의 변론기일에 출석하지도 않았다. 그래서 법원에서는 형식적 경매로 판결을 했다.

판결문을 받고 형식적 경매를 바로 신청할 필요는 없다. 나는 판결문을 받은 지 3년이 지났다. 앞으로 지속적으로 지가가 오를 것으로 판단해서였다. 싸게 낙찰받았고 지가는 계속 오르고 있으니, 급하게 진행할 필요가 없었다.

2016년에 낙찰을 받았고 당시 공시지가가 평당 14만 5,200원이었다. 5년이 지난 2021년의 공시지가는 평당 19만 8천 원이었다. 5년 사이에 공시지가가 36.3%가 올랐다. 그러던 중 2021년에 이 물건을 경매 신청했다.

〈경매 기록〉

경매 2021타경

진행내역 : 경매개시 64일 배당요구종기일 39일 최초진행 70일 매각 30일 납부 36일 배당종결(239일 소요)

대전지방법원 9계(042-470-1809)

전 토지만 매각(제시외기타제외) / 분묘기지권,농지취득자격증명,맹지

매각일자 2021.11.02 (화)(10:00)

세종특별자치시 소정○○   새주소검색

토지면적	1511㎡(457.078평)	소유자	김○○	감정가	347,530,000
건물면적		상대방	김○○	최저가	(49%) 170,290,000
개시결정	2021-05-13 (공유물분할을위한경매)	신청인	농○○	보증금	(10%) 17,029,000

전체보기 ▼

오늘 : 1 누적 : 195 평균(2주) : 0

구분	입찰기일	최저매각가격	결과	비고
1차	2021-08-24	347,530,000	유찰	
3차	2021-11-02	170,290,000		

낙찰 187,790,000원 (54.04%) / 입찰 1명 / 박○○

매각결정기일 : 2021-11-09 - 매각허가결정
지급기한 : 2021-12-08
납부 : 2021-12-02
배당기일 : 2022-01-07
배당종결 : 2022-01-07

전경도   전경도

전체 토지가 1억 8,779만 원에 낙찰되었다. 이 중에서 내가 가진 지분은 166/1511이다. 그러니까 2,063만 800원이 내 몫이다. 낙찰을 315만 원에 받았으니, 5년 만에 5배 차익을 거둔 셈이었다.

세종의 토지는 좋은 투자처일까?

2019년 6월 통계청에서는 '장래인구특별추계' 자료를 발표했다. 이 자료에서 세종은 2047년까지 인구가 꾸준히 증가할 것으로 예상했다. 인구성장률 역시 전국에서 유일하게 2044년 이후에도 증가할 것으로 내다봤다. 2044년 이후에는 세종을 제외한 16개 시·도 모두에서 인구성장률이 감소한다. 출생아 수에서 사망자 수를 뺀 자연증가율로 봐도 세종의 인구는 2042년까지 꾸준히 상승한다. 다른 도시는 출생아 수보다 사망자 수가 많은 자연감소 상태로 들어간다.

해당 지역의 인구를 나이별로 세웠을 때 중간에 위치한 사람의 나이를 '중위연령'이라 한다. 중위연령은 가장 최근 자료인 2017년 기준으로 전남이 46.6세로 가장 높고, 세종이 36.6세로 가장 낮다. 2017년 대비 2047년 생산연령인구 감소율이 높은 지역은 부산, 대구 등이다. 세종의 생산연령인구는 2047년까지 86.1%인 16만 명이 증가할 전망이다. 이처럼 세종은 젊은이의 도시이고 미래의 도시이며 발전 가능성이 무한한 도시다.

토지가격을 결정하는 주요 요인은 인구와 도로다. 인구가 늘면 토지의 활용도를 높여야 하고, 이는 자연스럽게 용도지역의 상향으로 이어진다. 용도지역이 바뀌면 토지가격은 오른다. 교통이 불편한 지역에 새로운 길이 생기면 이를 이용하는 사람들이 늘어나고 이동시간이 줄어서 그전에는 찾지 않았던 사람들도 찾아온다. 세종은 인구가 꾸준히 늘어나는 지역일 뿐만 아니라 포천세종고속도로와 세종청주고속도로, 세종국가산업단지의 개발 등으로 인구 증가와 도로 여건 개선이라는 두 마리 토끼를

잡고 있다. 그런 면에서 세종의 지가 전망은 앞으로도 밝다.

하지만 한 가지 걸리는 점이 있다. 세종의 토지를 사려고 해도 제약이 많아서다. 특히 2022년부터는 농지법이 개정·시행되어 농지의 취득과 관리가 꼼꼼해진다. 이미 2021년 8월 17일부터 농업진흥지역의 농지는 주말·체험 영농 목적으로의 취득이 제한되고, 거짓이나 부정한 방법으로 농지취득자격증명을 발급받거나 법상 허용되지 않은 부동산업을 영위한 농업법인에게 신속한 강제처분이 되도록 1년의 처분 의무기간 없이 즉시 처분명령을 내린다. 그럼 6개월 이내에 처분해야 하며, 처분하지 않을 경우 이행강제금을 처분할 때까지 매년 부과한다. 이행강제금 역시 많아진다. 기존에는 공시지가의 20%를 이행강제금으로 부과했으나, 현재는 감정가와 공시지가 중 높은 금액의 25%를 이행강제금으로 부과한다.

2022년 5월 18일부터는 농지 취득시 농업경영계획서 의무 기재사항이 확대되고 증명서류 제출도 의무화된다. 주말·체험 영농계획서 제출도 의무화된다. 그동안은 주말·체험 영농 목적으로 농지를 취득하는 경우에는 계획서가 필요 없었다.

2022년 8월 18일부터는 지자체에 농지위원회를 설치해 투기우려지역 농지 취득시 농지위원회 심의가 의무화된다. 이렇게 되면 농지위원회 심의 과정에서 자격이 적합하지 않음을 이유로 농지 취득이 제한될 수 있다. 그래서 세종과 원거리인 서울, 부산, 광주 등에 거주하는 사람이라면 세종의 농지를 사고자 할 때 많은 노력이 필요하다. 이럴 때는 도시의 주거지역의 농지를 찾아 투자하는 것도 대안이 될 수 있다. 도시지역의 주거지역, 상업지역, 공업지역의 농지는 취득시에 농지취득자격증명서를 발급받지 않아도 되기 때문이다.

토지 200평을 사고도
돈이 남은 비결

경매 물건을 보다 보니 유독 눈길이 가는 농지가 있었다. 충남 당진에 소재한 농지로, 면적이 300평 남짓했다. 법원의 감정평가 금액은 1억 원이 넘었지만 수차례 유찰되면서 최저가가 3,800만 원까지 떨어져 있었다.

나는 농지연금에 어머니를 가입시킬 목적으로 이 물건을 검토했다. 우리 집은 내가 어렸을 때부터 과수원을 했다. 그래서 어머니는 농지연금 가입에 필요한 조건인 '영농경력 5년' 자격을 이미 갖춘 상태였다. 게다가 만 65세가 넘었기에 농지만 낙찰받으면 농지연금에 가입할 수 있는 조건이 되었다.

경매에 나온 농지의 지목은 '답'이었다. '전' '답' '과수원'을 농지라고 하니 서류상의 문제는 없었다. 다만 현황을 살펴보니 누군가 비닐하우스를 설치했고, 컨테이너 박스와 개를 키우고 있어서 농지로 복구가

〈경매 기록〉

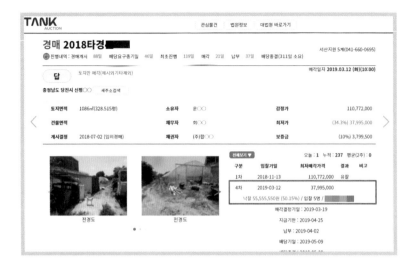

필요해 보였다. 추후 낙찰을 받고 장비를 불러서 농지로 복구하면 될 일이었기에 현황은 문제가 되지 않았다.

농지연금에 가입하려면 농지의 가격을 결정해야 한다. 농지의 가치를 5천만 원으로 보느냐, 1억 원으로 보느냐에 따라 매달 수령하는 금액이 달라진다. 이때는 공시지가의 100%와 감정평가 금액의 90% 중 높은 금액을 기준으로 연금액을 산정한다. 농지연금에 가입하려는 토지의 공시지가가 1억 원이고 토지의 감정평가액이 1억 5천만 원이라면, 1억 2천만 원을 기준으로 월 수령액을 정한다.

나는 물건을 검토한 뒤 감정평가사에게 문의를 했다. 그 과정에서 2018년에 보상목적으로 감평이 한 차례 이루어졌다는 사실을 알 수 있었다. 추가로 필지가 분할되었다는 사실도 알게 되었다. 다시 서류를 확인하니 애초에 도성리 443번지에서 도성리 443-2번지가 분필이 된 것도 알 수 있었다. 그래서 도성리 443번지가 도성리 443번지와 443-2번지로 나뉘어져 있었다.

나는 곧바로 당진시청에 전화를 했다. 당진시청에서는 해당 토지는 한국전력공사에서 분필 신청을 했고, 그 이유는 모른다고 했다. 다시 한국전력공사 본사에 전화를 걸었다. 그러고는 해당 사업소에 전화를 했다. 담당자는 본 물건은 송전선 지중화 구간에 포함이 되었고 수용 예정이라고 했다.

보통은 지상에 송전선 철탑을 세운다. 그리고 철탑이 세워지는 곳과 송전선이 지나가는 토지에 구분지상권을 설정한다. 해당 토지주에게는 지료를 지급하는데, 매월 지급하는 것은 아니고 최초 한 번만 지급한다. 송전선이 설치되면 지가가 하락하고 건강상의 문제가 발생하는 것에 비하면 지료는 낮은 수준이다. 그래서 송전선이 지상으로 지나가는 마을에서 반대 시위도 많이 한다.

반대로 송전선이 지중화 구간으로 설계되는 경우도 있다. 땅속으로 송전선이 지나가기 때문에 미관상 보기에도 좋고, 전자파 문제에서도 비교적 자유롭다. 대신 지중화로 설계를 하기 위해서는 송전선이 지나가는 토지들을 모두 보상한 후 매입을 해야 하므로 사업비가 많이 든다. 그래서 보통은 민가가 드문 곳은 송전탑을 이용해 지상으로 지나가고, 마을을 지나가는 경우에는 지중화 구간으로 하는 편이다.

나는 조사를 마치고 다음날 답사를 갔다. 서해안고속도로는 유난히

안개가 자주 끼는데 그날따라 더욱 심했다. 그렇게 쉬어가길 몇 차례. 현장에 도착했다. 현장은 생각보다 좋았다. 외관은 별로였으나 어차피 치우면 되었기에 별 상관은 없었다. 그렇게 현장을 확인한 후 입찰을 결심했다.

입찰가를 산정하는 일은 언제나 힘들다. 높게 쓰면 높게 쓰는 대로 가슴이 아프고, 조금 낮춰 써서 떨어지면 그 고통은 오래간다. 그래서 여러 날을 고민한다. 고민 끝에 이전 최저가를 조금 넘긴 액수를 쓰기로 했다. 이전 최저가를 넘겨서 쓴다는 것은 그만큼 낙찰될 확률이 높다는 의미이기도 하다. 나는 이 물건을 반드시 낙찰받아야겠다고 생각했고, 충분히 수익이 날 것이 생각했다. 그렇게 입찰을 해서 5,555만 5,550원에 낙찰받았다. 차순위와 300만 원 차이였다.

낙찰을 받은 후 잔금을 납부하고, 한 필지는 한국전력공사와 매매계약을 했다. 매매대금은 4,588만 9,600원이었다. 그리고 나머지 한 필지는 농지연금을 신청했다. 낙찰가가 5,555만 5,550원이니 이 중 상당 부분을 회수했다. 그리고 남아 있는 원금은 960만 원쯤 된다. 농지연금 신청을 위해 감정평가를 의뢰했더니 7,539만 원이 나왔다. 공시지가가 5,100만 원쯤이니까 감정평가액의 90%인 6,785만 1천 원이 공시지가인 5,100만 원보다 더 높다. 그래서 감정평가를 했다.

동시에 현장을 농지로 복구했다. 나는 이곳에 헛개나무를 심었다. 헛개나무는 열매는 물론이고 줄기까지 약재로 쓸 수 있어서 활용도가 높다. 무엇보다 빨리 자라고 병충해에도 강한 편이라 무난하게 잘 자란

〈복구 전후의 모습〉

복구 전

복구 후

다. 그래서 헛개나무를 선택했다. 최근에는 헛개나무뿐만 아니라 에메랄드그린이나 파스티기아타, 블루 애로우 같은 조경수를 심기도 한다.

농지은행(www.fbo.or.kr)에서 예상 연금을 조회해보면 120쪽 도표처럼 결과가 나온다. 신청인은 1951년생이다. 일시인출형 상품으로 농지연금에 가입하면, 1,800만 원을 일시인출로 수령하고 매월 19만 원을 받는다. 기간형인 15년형으로 선택하면 15년 동안 매월 40만 원 정도를 수령한다.

이 물건 덕분에 2019년 8월부터 농지연금을 매월 수령하고 있다. 원금을 회수하고도 매월 19만 원 정도가 통장에 들어온다. 꾸준한 지

〈예상 연금 조회〉

구분	종신형		
	정액형	전후후박형 (70%)	일시인출형 (30%)
월 지급금	27만 5,350원	32만 8,140원(전) 22만 9,700원(후)	19만 4,030원 (일시인출금: 1,800만 원)

구분	기간형			
	기간형(정액형)		경영이양형	
월 지급금	5년	만 78세 이상 가능	5년	119만 5,550원
	10년	만 73세 이상 가능	10년	63만 9,700원
	15년	40만 4,430원	15년	45만 5,630원

〈일시인출형과 기간형 상품 비교〉

소재지	충청남도 당진시 신평면 도성리
낙찰가격	5,555만 5,550원
매도가격	4,588만 9,600원
농지연금 신청 (둘 중 택일 가능)	1. 일시인출 1,800만 원 후, 매월 19만 4,030원 수령
	2. 15년 동안 매월 40만 4,430원 수령

가 상승은 덤이다.

그렇게 1년 남짓한 시간이 흘렀고, 지중화 구간 공사를 맡은 현장소장에게 연락이 왔다. 2021년에 지중화 구간 공사를 시작하는데 옆 필지의 공사시에 이 농지를 사용해야 한다는 것이다. 공사를 위한 장비와 차량 등이 진입해야 하고 공사에 필요한 물품을 적재할 곳이 필요했기 때문이다. 그래서 1년 정도 이 농지를 사용하고 싶다고 했다. 공사가 끝나면 토지 원상복구는 물론, 일부에는 조경수인 에메랄드그린 20여 주를 심어주겠다고 했다.

이처럼 농지연금에 적합한 농지를 찾아서 투자하면 매월 연금을 수령할 수 있다. 지가 상승으로 인한 시세 차익은 자연히 따라온다.

농지연금 투자처로 좋은 지역은 어디일까?

농지연금이란 농지를 담보로 매월 생활비를 지급하는 금융상품이다. 농지연금에 가입하는 농지의 유일한 조건은 지목과 현황이 농지여야 한다. 지목인 토지를 농지라고 한다. 지목이 '임야'인 토지는 지목을 '전'으로 변경하면 가입이 가능하다. 그리고 현황이 농지여야 하는데, 자경하지 않은 농지는 농지로 이용 후에 가입을 하면 된다.

농지연금에 가입하려면 농지의 가치를 평가받아야 한다. 이때 해당 농지의 공시지가의 100%와 감정평가액의 90% 중 더 높은 금액을 기준으로 한다. 가령 농지연금에 가입할 농지의 공시지가가 5억 원이고 감정평가한 금액이 7억 원이라면, 농지의 공시지가 5억 원과 감정평가액의 90%인 6억 3천만 원 중 높은 금액인 6억 3천만 원이 해당 농지의 가치가 된다. 그래서 6억 3천만 원을 기준으로 월 수령액이 정해진다.

그런데 경매나 공매로 농지를 취득하면 공시지가나 감정평가액보다 저렴하게 취득할 수 있다. 특히 특정 지역은 시세 대비 공시지가 비율이 높아, 경우에 따라서는 공시지가의 절반 가격에도 농지를 취득할 수 있다.

공시지가가 5억 원인 농지가 경매에 나왔는데, 해당 농지를 2억 5천만 원에 낙찰받는다고 가정해보자. 그렇다면 이 농지의 공시지가는 5억 원이므로 최소 5억 원을 기준으로 농지연금을 수령할 수 있다. 실제로는 2억 5천만 원으로 농지를 취득했지만 농지연금 월 수령액은 5억 원을 기준으로 정해지는 것이다. 따라서 농지연금에 가입할 농지는 경매나 공매를 활용하면 유리하다.

수년간 농지연금을 연구하며 경매와 공매 물건을 모니터링한 결과, 농지연금에 가입하기 적당한 농지는 특정 지역에 몰려 있다는 점을 발견했다. 경기도에서는 양주, 포천, 파주와 같은 경기 북부 권역, 인천에서는 옹진군이 유망하다. 충남 당진은 농지연금의 성지로 볼 수 있고, 경남 거제, 창원, 경북 김천, 포항 등에서 농지연금에 가입하기 좋은 물건들이 자주 나온다.

경매나 공매로 농지를 취득하면 2년 보유한 후에 농지연금에 가입할 수 있으니 주의해야 한다. 또한 농지연금에 가입하기 위해서는 농지가 소재한 시·군·구나 농지가 소재한 연접 시·군·구나 직선거리 30㎞ 이내에 거주해야 한다. 즉 보유기간 2년과 거리 제한이 있으니 이 점을 유의해야 한다.

어떻게 공시지가의 반값에
임야를 살 수 있었을까?

임야는 우리나라 전체 면적의 65% 정도를 차지한다. 대부분은 개발이 불가능하고 투자 가치가 없지만 모두 그렇지는 않다. 임야 그 자체를 사용하려고 하면 생각보다 활용 방안이 많다. 그리고 보수적으로 잡아도 20년에 2배 정도는 오른다. 그래서 지원을 받아 임야를 구입한다면 자기자본이 별로 들지 않으면서 임야를 매수할 수 있다. 임야를 산림경영이나 임산물 재배 등으로 수입을 올릴 수도 있다. 임야투자 프로세스는 다음과 같다.

임업 후계자	정책 자금	입야 구입	가치 향상	시세 차익

〈경매 기록〉

임야투자를 위해서는 임업후계자가 되는 것이 좋다. 임업후계자에게는 정책자금 등 각종 지원을 해주기 때문이다. 임업후계자가 되고 나서 지원을 받아 임야를 구입한다. 경제적 가치가 없는 나무는 베어내고 경제적 가치가 있는 수종을 식재한다. 그러면 시간이 흐를수록 임야의 가치는 올라간다. 나무가 자라면서 경제적 가치가 생기고, 임야가격도 오른다.

임야를 구입하는 정책자금은 최대 35년까지 사용할 수 있다. 20년 거치 15년 상환이다. 20년 동안은 이자만 납부하다가 이후 15년 동안 원금과 이자를 상환하는 방식이다. 금리는 고정금리로 연 1%의 이자를 부담하면 된다. 사업자당 3억 원까지 가능하다. 그래서 35년 후에 임야를 매도해도 되고, 거치 기간이 끝나는 20년 후에 매도해도 된다.

살펴볼 물건은 경상북도 의성군에 있는 임야다. 개인과 마을회가 공동으로 소유하고 있다. 개인의 지분이 1/3, 마을회의 지분이 2/3다. 전체 면적은 14만 4,397m²로 약 4만 3,680평이다. 이 중에서 개인 지분 1/3이 경매로 진행되었다.

지목은 임야이고 현황도 임야로 사용 중이었다. 사진에서처럼 임도를 끼고 있다. 임도는 임산물의 운반이나 산림 경영을 위해 설치한 길이다. 다만 지적도에는 도로로 표시되지 않는다. 정식 도로가 아니다. 하지만 임도가 있는 것과 없는 것은 차이가 크다. 따라서 지적도상에 도로는 없지만 임도라도 있다면, 좋은 임야의 조건 중 하나를 갖췄다고 본다.

아래 사진은 토지 등기부등본을 시간순으로 나열한 자료다. 경매나 공매의 권리분석에서는 시간의 순서가 중요하다. 시간순에 따라 권리

〈토지 등기부등본〉

토지등기	(채권합계금액 : 20,731,792원)					
순서	접수일	권리종류	권리자	채권금액	비고	소멸
갑(2)	2003-04-28	박경순지분전부이전	박○○		협의분할에 의한 상속, 1/3	
갑(4)	2004-02-24	박용지분가압류	서○○	20,731,792	말소기준등기 2004카단4918	소멸
갑(11)	2018-12-17	박용지분전부이전	박○○		상속, 1/3	
갑(12)	2018-12-26	박창범지분강제경매	경○○	청구금액 237,270,770	2018타경1969	소멸

주의사항
☞분묘소재(분묘기지권성립여지 있음).
☞공유자의 우선매수권(민사집행법제140조)행사에 따른 매수신고가 매수보증금의 미납으로 실효되는 경우, 그 공유자는 해당 부동산의 다음 매각기일에서는 우선매수권을 행사할 수 없다. 따라서 당매각기일에 다른 매수신고인이 없는 경우 최저매각가액을 공유자 우선매수신고액으로 본다.

순위가 달라지기 때문이다. 이 물건은 2004년 2월 24일에 가압류가 말소기준권리가 된다. 말소기준권리를 포함해서 2018년 12월 26일 경매 개시 결정까지 모든 권리는 소멸된다.

낙찰자는 물건의 잔금만 납부하면 채무자의 지분을 깨끗한 상태로 인수할 수 있다. 만약 채권자들이 미처 못 받은 돈이 있어도 이는 낙찰자와는 상관없다. 낙찰자가 잔금을 납부하면 그 돈으로 채권자들이 순위에 따라 배당을 받고, 돌려받지 못하는 돈은 그대로 채권자가 손해를 보게 된다. 만약 채무자에게 다른 재산이 있다면 같은 방법으로 경매를 신청해서 추가로 돈을 돌려받을 수 있다. 채무자의 다른 재산이 없다면 채권자가 받지 못한 돈은 돌려받지 못한다.

이 물건은 2019년 9월 18일에 입찰이 있었다. 나는 차순위와 근소한 차이로 낙찰받았다. 보통 임야는 시세보다 감정이 낮은 경우들이 있는데, 이 물건이 그랬다. 지금은 공유물분할의 과정을 거쳐서 해당 면적만큼 단독소유하고 있다. 면적이 약 1만 4,560평이고 낙찰가로 나누어보면 평당 1,549원(=2,255만 5,550/1만 4,560)에 취득했음을 알 수 있다. 보전산지이면서 임업용산지다. 2021년 공시지가는 m^2당 1,010원이다. 취득한 면적이 4만 8,132m^2이기에 이 토지의 공시지가만 해도 약 4,800만 원이다. 그럼 낙찰을 약 2,200만 원에 받았으니 공시지가의 45%에 취득한 셈이다.

이렇게 저렴하게 취득할 수 있었던 이유는 무엇일까? 바로 지분의 형태로 경매에 나왔고, 법원의 감정이 인근 시세를 반영하지 못했기 때

〈임업후계자 자격 요건〉

1. 55세 미만인 자로서 산림경영계획에 따라 임업을 경영하거나 경영하려는 자로,

   가. 개인독림가의 자녀

   나. 3ha 이상의 산림을 소유(세대를 같이하는 직계 존·비속, 배우자 또는 형제자매 소유 포함)하고 있는 자

   다. 10ha 이상의 국유림 또는 공유림을 대부받거나 분수림을 설정받은 자

2. (연령제한 없음) 품목별 재배 규모 기준(1천㎡~1만㎡) 이상에서 단기소득임산물을 생산하고 있는 자

3. (연령제한 없음) 품목별 재배 규모 기준(1천㎡~1만㎡) 이상에서 단기소득임산물을 생산하려는 자로 다음 요건을 모두 충족하는 자

   -교육 이수: 임업분야 40시간 이상 이수한자. 단 임업관련 대학·고등학교 졸업자에 한해 면제

   -기준 규모 이상의 재배포지 및 사업계획을 수립한 자

문이다. 그래서 경매에 나온 임야를 살펴볼 때는 신건부터 보는 것이 좋다. 그런데 이때 한 가지 넘어야 할 산이 있다.

임업후계자 자격 요건 3가지 중에서 어느 하나만 만족해도 임업후계자 지원이 가능하다. 나는 1번 요건으로 임업후계자에 지원하려 한다. 다만 1번 요건으로 지원하기 위해서는 단독소유여야 한다. 이 물건은 공동소유라서 임야를 각자 지분 비율대로 나누는 과정이 필요하다. 이렇게 토지를 각자의 지분대로 나누는 과정을 현물분할이라고 한다. 당사자들 사이에 분할 위치가 협의되면 비교적 간단한 절차로 분할이

〈지적측량 견적서〉

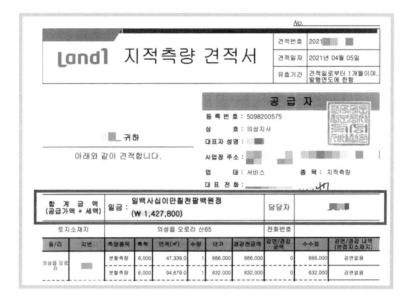

<table>
<tr><td colspan="2">견적번호</td><td>2021 ▨ ▨</td></tr>
<tr><td colspan="2">견적일자</td><td>2021년 04월 05일</td></tr>
<tr><td colspan="2">유효기간</td><td>견적일로부터 1개월이며,
발행연도에 한함</td></tr>
</table>

Land1 지적측량 견적서

공 급 자

등 록 번 호 : 5098200575
상 호 : 의성지사
대표자 성명 :
사업장 주소 :
업 태 : 서비스   종 목 : 지적측량
대 표 전 화 :

▨ 귀하

아래와 같이 견적합니다.

합 계 금 액 (공급가액 + 세액)	일금 :	일백사십이만칠천팔백원정 (₩ 1,427,800)		담당자	▨

토지소재지			의성읍 오로리 산65			전화번호			
동/리	지번	측량종목	축척	면적(㎡)	수량	단가	경감전금액	감면/경감 금액	수수료	감면/경감 내역 (연접지소재지)
의성읍 오로 리	▨	분할측량	6,000	47,339.0	1	666,000	666,000	0	666,000	감면없음
		분할측량	6,000	94,679.0	1	632,000	632,000	0	632,000	감면없음

가능하다. 하지만 협의가 되지 않으면 법원에 청구해야 한다. 법원에서는 임야의 모양이나 당사자의 사정 등을 고려해 분할 위치를 특정한다. 그래서 나는 의성지원에 공유물분할 청구를 했다.

공유물분할청구는 대법원 전자소송 사이트를 통해서 셀프로 할 수 있다. 정해진 포맷이 있어서 개인도 어렵지 않게 진행할 수 있다. 이렇게 법원의 도움을 받아 감정 신청을 통해 분할 측량을 했고, 공유물분할을 원인으로 한 소유권이전까지 마쳤다. 현재는 각자의 지분만큼 위치를 특정해서 단독으로 소유하고 있다.

지금은 3ha 이상의 임야를 단독으로 소유하고 있다. 만 55세 미만이니 의성군에 임업후계자 신청이 가능하다. 그전에 해당 임야에 대해 산림경영계획인가를 받아야 하는데, 이 과정은 의성군 산림조합에서 진행하고 있다.[07] 임업후계자 신청은 임야가 소재한 시·군·구에 신청하면 된다.

임업후계자에 선정되면, 전문임업인기반조성 사업의 장기수사업의 자금을 신청해서 다른 임야를 매입할 수 있다. 이때 임야 매입자금의 100%까지 융자가 가능하고, 고정금리 1%로 20년 거치 15년 상환으로 이용할 수 있다. 임야 매입자금은 산림조합을 통해 대출로 진행한다. 거치란 이자만 납부하는 기간이다. 20년 거치니까 20년 동안은 이자만 납부하는 것이다. 이때 금리가 1%이므로 매월 25만 원씩 납부하면 된다.

---

07 2022년 3월 4일에 산림경영계획인가서를 우편으로 받았다.

임야, 어떻게 활용할까?

임야는 우리나라 국토의 약 65%를 차지한다. 그래서인지 임야를 보유하고 있는 사람들이 의외로 많다. 그런데 임야를 어떻게 활용해야 할지 생각하면 막막해한다. 이미 임야를 보유하고 있다면 다음을 참고해서 활용하는 것이 좋다.

첫 번째, 소유한 임야의 면적을 확인하자. 임야는 넓고 경사가 완만하며 진입로가 있는 것이 좋다. 여기서 '넓다'의 기준은 3ha다. 1ha는 1만m²이며 3ha는 약 9,075평에 해당한다. 이 정도 이상의 임야를 보유하고 있다면 일단 넓다고 할 수 있다.

두 번째, 임업후계자가 가능한지를 고려하자. 3ha 이상의 임야를 가지고 있으면서 만 55세 미만이면 산림경영계획인가를 받아 임업후계자 선정이 가능하다. 임업후계자에 선정되면 다른 임야를 구입할 때 정책자금을 받을 수 있다. 20년 거치 15년 상환이며 최대 3억 원까지 융자가 가능하다. 정책자금을 받아서 미래가치가 있는 곳에 임야를 구입하면 된다. 만약 다른 임야를 구입할 계획이 없다면 해당 임야의 가치를 높일 수도 있다. 임업후계자에 선정되면 경제적 가치가 없는 수종을 벌채하고 경제적 가치가 있는 수종으로 조림을 할 수도 있다.

세 번째, 산림탄소상쇄제도를 이용하자. 산림탄소상쇄제도는 기업, 산주, 지방자치단체 등이 자발적으로 온실가스 배출을 줄이기 위해 탄소흡수원 증진 활동을 하고, 이를 통해 확보한 산림탄소흡수량을 정부가 인증해주는 제도를 말한다.

'탄소흡수원 유지 및 증진에 관한 법률'의 시행과 함께 도입되었으며 산림탄소흡수량의 거래가능 여부에 따라 '거래형'과 '비거래형'으로 나뉜다.

가령 산림을 지속가능한 방식으로 경영함으로써 산림의 건강성을 유지하고 왕성한 생장을 유도하여 산림의 탄소흡수량을 증대시킬 수 있다. 이때 산림인증을 획득하고 산림경영계획을 세우면 '거래형'으로 신청이 가능하다. 절차는 다음과 같다.

〈사업 진행 절차〉

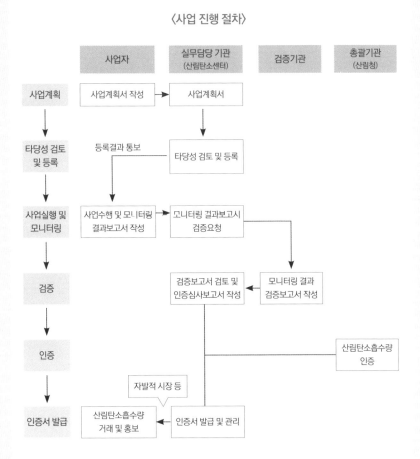

소유하고 있는 임야의 면적이 10ha 정도 되고, 해당 임야에 우리나라에서 흔하게 보이는 리기다소나무 30년생이 있다고 가정해보자. 그러면 임야의 연간 예상 흡수량은 79.70tCO_2 정도 된다.[08] 그런 다음 거래소를 통해 판매하면 된다.

2022년 1월 초 기준으로, 국내 탄소배출권 가격은 톤당 3만 5,100원이다. 탄소배출권 가격은 최근 몇 년 사이 꾸준히 상승했고, 앞으로 톤당 10만 원 이상까지 상승할 확률이 높다. 이미 유럽에서는 2022년 1월 초, 톤당 80유로로 거래되고 있다. 이는 10만 원이 넘는 가격이다.

만약 앞에서 예상한 탄소배출권을 국내 가격인 톤당 3만 5,100원에 80톤을 거래하면 연간 280만 원의 수익이 발생한다. 탄소배출권의 가격은 지속적으로 상승할 것이다. 따라서 많은 면적의 임야를 보유하고 있다면 수익성은 충분히 맞추어질 것으로 예상한다.

---

08 산림탄소센터 홈페이지(carbon.kofpi.or.kr)의 '예상흡수량 계산' 메뉴에서 확인할 수 있다.

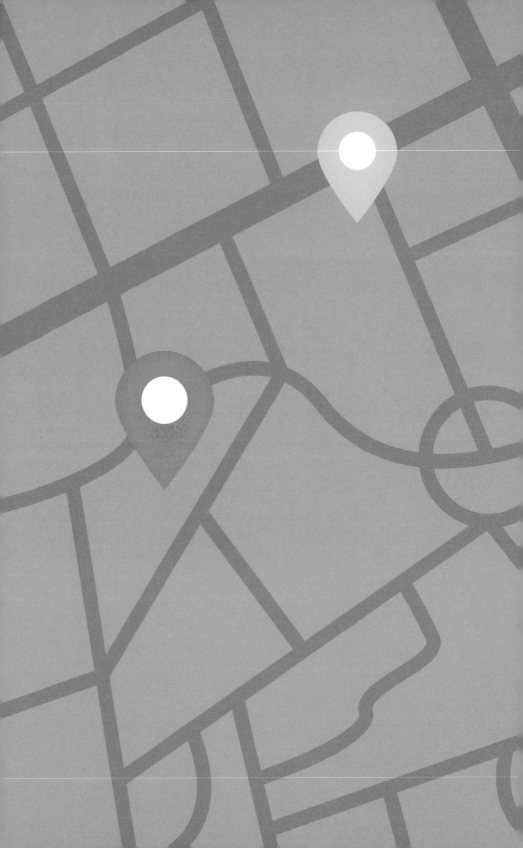

PART4

가성비 높게
토지에
투자하는 방법

01

투자 지역을
선택하는 방법

펜실베이니아 대학교에서 심리학과 경영학을 가르치는 필 테틀록(Phil Tetlock) 교수는 '전문가들이 얼마나 미래 예측을 잘 하는지' 확인할 연구를 고안했다.[09] 그는 정치나 경제 트렌드에 대해 논평이나 조언하는 일을 하는 284명의 전문가를 모집했다. 대부분이 석사 학위 이상이었고, 과반수는 박사 학위를 가지고 있었다. 이들의 고견을 찾는 곳또한 많아서 61% 이상이 대중매체와 인터뷰한 적이 있다고 답했다. 필테틀록 교수는 전문가들에게 각자의 전문 분야에서 모종의 예측을 내달라고 요청했다. 이를테면 경제학자들에게 다음과 같은 질문을 했다.

"경제 성장과 관련해서 우리는 향후 2년 동안 GDP성장률이 상승할것이라 기대해야 할까요? 아니면 하락, 아니면 유지될 것이라 기대해야

---

09 『자신 있게 결정하라』, 칩 히스·댄 히스 지음

할까요?"

정치학자들에게는 다음과 같이 질문했다.

"미국의 다음 번 선거에서 현재의 집권당은 다수당의 지위를 상실할 것으로 생각합니까? 아니면 대중의 지지도는 감소하더라도 다수당의 지위는 유지할 것으로, 아니면 지지도가 올라가면서 다수당의 지위를 유지할 것으로 생각합니까?"

미래 예측치고는 꽤 기본적인 문제였다. 객관식이나 빈칸 채우기 정도의 난이도에 불과했다. 테틀록은 예상이 틀렸을 때 변명의 여지가 없도록 대답이 분명히 갈리게끔 질문을 구성했다. 그리고 1980년대 중반부터 2003년까지 총 8만 2,361건의 전문가 의견을 수집했다. 그로부터 2년 뒤에 저서 『전문가들의 정치적 판단: 얼마나 정확한가?(Expert Political Judgment: How Good Is It? How Can We Know?)』를 통해 연구 결과를 발표했다.

전문가들의 성적은 어땠을까? 기대에 훨씬 못 미쳤다. 가장 정확하게 예측한 전문가들도 테틀록이 '대략적 추정 알고리즘'이라고 명명한 연산법에 비해 정확도가 떨어졌다. 대략적 추정 알고리즘이란 수년간의 기저율을 뽑아보고 트렌드가 계속될 것으로 가정하는 간단한 연산법을 말한다.

예를 들어 지난 3년 동안 경제성장률이 2.8%였다면 향후 3년 동안에도 2.8%의 성장세를 보일 것으로 예측하는 것이다. 테틀록이 내린 결론은 실로 암담했다. "지역과 시대, 결과 변수 등을 고려해 이들 성

〈2010~2020년 지가 상승률〉

지역	상승률(2010.08.11~2020.08.11)
충청남도	16.396
충청북도	19.446
경상남도	19.514
울산광역시	19.961
전라북도	21.424
인천광역시	21.973
경상북도	23.116
경기도	25.789
강원도	25.907
전라남도	27.505
광주광역시	29.726
대전광역시	30.113
서울특별시	33.223
제주특별자치도	34.164
대구광역시	37.156
부산광역시	37.854
세종특별자치시	54.28

적을 살펴보면, 인간은 대략적 추정 알고리즘보다 명확히 나은 예측을 내놓은 영역을 찾아보기가 불가능하다"라는 결론을 내렸다. 이는 토지 투자에서도 마찬가지다. 그래서 우리는 기저율을 바탕으로 투자처를 찾기로 한다. 토지 투자에서 기저율이란 과거 10여 년간 가장 많이 오른 지역이 10년 뒤에도 가장 많이 오른다는 가설이다. 그렇다면 과거

10년간 토지가격이 가장 많이 오른 지역은 어디일까?

도표는 지난 10년간 지역별 지가 상승률을 보여준다. 세종시와 부산시, 대구시가 상위권에 있다. 대체로 서울, 광역시, 세종, 제주도가 많이 올랐다. 따라서 대략적 추정 알고리즘에 의해 10년 뒤에 이 지역들의 지가가 많이 오를 거라고 예상할 수 있다.

구체적인 지역을
선정하는 방법

국토종합계획체계는 토지 투자의 큰 틀을 보여준다. 가장 먼저 살펴볼 것은 국토종합계획이다. 이는 우리나라의 가장 큰 상위계획이다. 현재 2020~2040 제5차국토종합계획이 고시되었다. 그다음은 도 종합계획을 봐야 한다. 경기도 종합계획과 같은 것들이 그렇다. 도 종합계획은 국토종합계획의 틀 안에서 이루어진다. 도시기본계획이나 군 기본계획도 마찬가지다. 그래서 일련의 체계를 알고 있는 것이 좋다. 제5차국토종합계획의 광역별 발전 방향 중 세종시의 자료를 살펴보면 세종은 균형 발전에 초점을 맞추고 있다.

세종은 도시와 농촌의 모습이 혼재되어 있다. 앞으로 균형 발전을 위한 여러 가지 계획들이 세워지고 실행될 것임을 예상할 수 있다. 발전 방향을 보면 '국가균형발전을 선도하는 행정수도 완성 및 기능 강화'를 첫 번째로 두고 있다. 이 역시 행정수도 이전을 위한 후속 조치들이 계

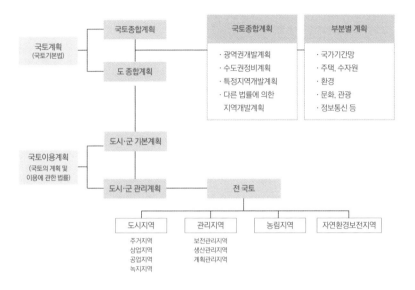

〈국토종합계획체계〉

		국토종합계획	부분별 계획
국토계획 (국토기본법)	국토종합계획	· 광역권개발계획 · 수도권정비계획 · 특정지역개발계획 · 다른 법률에 의한 지역개발계획	· 국가기간망 · 주택, 수자원 · 환경 · 문화, 관광 · 정보통신 등
	도 종합계획		
국토이용계획 (국토의 계획 및 이용에 관한 법률)	도시·군 기본계획		
	도시·군 관리계획	전 국토	

도시지역	관리지역	농림지역	자연환경보전지역
주거지역 상업지역 공업지역 녹지지역	보전관리지역 생산관리지역 계획관리지역		

속 나올 것임을 예상할 수 있다.

2020년 7월, 정치권에서 행정수도 이전 논의가 나왔다. 여당의 원내대표가 교섭단체 대표연설에서 '행정수도 이전'을 제안했다. 이 영향으로 2020년 3분기 세종시 지가는 4.59% 상승했다. 전국의 지가가 연간 1.5% 상승하는 점을 비춰보면 2020년 3분기에만 1년치 땅값이 한 번에 오른 셈이다.

국토교통부와 한국부동산원이 2021년에 '전국 지가 변동률'을 발표했다. 자료를 보면 2020년 세종시 땅값은 전년 대비 10.62% 올라, 전국에서 가장 높은 상승률을 보였다. 2020년에 높은 상승률을 기록한 원인에는 정치권의 '행정수도 이전' 이슈가 있었다.

〈세종시 지가 상승률〉

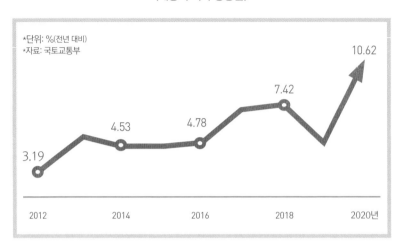

*단위: %(전년 대비)
*자료: 국토교통부

10.62

7.42

4.53

4.78

3.19

2012   2014   2016   2018   2020년

그렇다면 앞으로는 어떨까? 국토종합계획에서 '행정수도 완성'이라는 표현으로 명시된 만큼, 앞으로도 행정수도 이전 이슈는 주기적으로 생길 것이다. 그럼 그때마다 언론의 광고 효과에 힘입어 세종의 토지 시장은 주목받을 확률이 높다.

이외에도 세종에서는 국가산업단지와 서울-세종 간 고속도로, 세종-청주 간 고속도로 건설이 추진되고 있다. 국토종합계획을 통해 큰 그림을 그려보자.

그다음 도시기본계획을 통해 구체적인 계획을 세워보자. 세종의 도시기본계획을 보면 '2030년까지 중앙행정기관 9부 2처 2청의 이전, 인구 50만 명의 주거지. 이를 중심으로 중부지역의 대도시권을 형성한다'라는 목표를 두고 있음을 알 수 있다.

세종시의 발전축 구상은 '도시개발축, 산업 및 연구개발축, 관광·휴양1축(보전축), 관광·휴양2축(보전축), 수변·생태축'으로 이루어져 있다. 이 중에서 어떤 라인에 관심을 가져야 할까? 키워드를 구분해서 일단 긍정적인 키워드에 관심을 갖는다. 이는 지가 상승과 관련이 있다.

상업, 역세권, 첨단, 산업, 핵심, 중심, 공업, 상업

위에 제시된 키워드는 지가 상승과 관련이 있는 긍정적인 키워드다.

문화, 역사, 자연, 환경, 공원, 수변, 녹색, 평화

반면에 위의 키워드는 지가 상승과 크게 관련이 없다. 그러므로 키워드를 구분해보는 것이 좋다. 이 키워드를 바탕으로 세종시 발전축을 구분해보자. 제일 먼저 걸러내야 할 것은 무엇일까? 바로 수변·생태축이다. 지가 상승과 큰 관련이 없기 때문이다. 그다음은 관광·휴양1축(보전축), 관광·휴양2축(보전축)이다. 이 역시 지가 상승과 큰 관련이 없다. 이제 남은 것은 2개다. 바로 도시개발축, 산업 및 연구개발축이다.

이렇게 보면 행복도시를 기준으로 북쪽으로는 조치원을 거쳐 전동과 전의를 지나 소정면까지 이어지는 라인과 남쪽으로는 금남으로 이어지는 곳이 좋다. 여기에 금남에서 부강, 연동, 연서, 전동으로 이어지는 라인도 좋다. 특히 도시개발축과 산업 및 연구개발축이 만나는 연서

면과 조치원 일대는 더 좋다고 봐도 무방하다.

다른 거점 지역들이 역세권이라면 이곳은 더블 역세권과 같다. 앞서 살펴본 '봄바람' 님이 연서면과 전동면의 토지를 매수한 데는 이유가 있다. 이쪽 라인의 토지들은 보유하는 동안 평안할 것이다. 개발축 안에 포함되어 있기 때문이다.

따라서 토지를 매수할 때는 국토종합계획과 도시기본계획 등을 살펴봐야 한다. 토지는 개인이 대규모로 개발할 수 없고, 국토의 효율적

〈생활권 구분〉

생활권	구분
북부생활권	휴양·레저 관광특화 및 신산업 육성
중부생활권	구도심 활성화 및 도심기능 강화(첨단지식기반)
동부생활권	첨단산업·물류 중심기능 육성(의료·복지)
서부생활권	백제문화 등과 연계한 역사·문화·관광산업 벨트 구축(중앙행정 및 문화·국제교류)
남부생활권	국제과학비즈니스벨트 연계 및 정주환경 조성(도시행정 및 대학·연구)

인 이용을 위해 정부가 토지의 사용용도를 정하기 때문이다. 이와 같이 생활권별 개발 방향을 살펴보는 것이 좋다.

세종 생활권은 5개 권역으로 나뉜다. 바로 북부생활권, 중부생활권, 동부생활권, 서부생활권, 남부생활권이다. 북부생활권에서는 산업단지 활성화와 지역·지구 중심기능 강화, 관광루트 개발, 특화단지 육성 등의 계획이 있다. 이 중 관광루트 개발 비중이 크지 않다. 앞서 본 키워드를 참고하면 된다. 제일 좋은 것은 산업단지다. 그래야 인구가 유입되면서 지역의 경기도 살아나고 지가도 오른다.

북부생활권에서는 조치원에서 전동과 전의를 지나 소정면으로 이어지는 라인이 좋다. 이 거점 지역을 중심으로 개발 계획들이 잡혀 있기 때문이다.

중부생활권은 구도심을 포함하고 있다. 그래서 구도심의 활성화와 도심기능 강화 내용이 제시되어 있다. 여기에 산·학·연과 문화·관광 기능 강화, 특화단지 육성, 첨단지식기반에 대한 내용을 담고 있다. 문화와 관광에 대한 부분은 기대하지 않는 것이 좋다. 중부생활권에서 관심을 둬야 할 부분은 조치원 역세권 개발과 산업단지 부분이다. 세종에서 중심 지역은 중부생활권이다. 개발 계획이 많고 호재도 많아서다.

일례로 세종 국가산업단지는 총 사업비 1조 5천억 원을 들여 미래 세종시 먹거리 산업을 책임질 것이다. 지역경제 활성화에도 큰 몫을 할 것이다. 세종의 국가산업단지는 굴뚝 산업이 없는 스마트국가산업단지로 조성된다. 합강동(5-1생활권) 국가스마트시티 시범사업지와 연계해서 신소재·부품 산업의 거점으로 조성된다. 여기에 산업과 주거, 지원, 상업 기능도 함께 구축한다. 스마스시티와 자율주행 모빌리티, 바이오 헬스케어 등의 선도 기업을 유치할 계획이다. 키워드로 분류해보면, 관광보다는 첨단산업 및 산업단지 키워드에 주목해야 한다.

동부생활권에서는 부강면과 연서면 사이가 좋아 보인다. 서부생활권을 보면 중부생활권보다 키워드가 약하다. 전원 주거단지 개발과 관광 특성, 정주환경 조성 등이 주된 계획이다.

서부생활권에서는 주거지에 관심을 가질 만하다. 현재 세종시에서는 장군면 일대의 지가가 가장 높게 형성되어 있다. 행복도시에서 가깝고 고속도로 진출입이 편리해서다. 앞으로 이곳에는 고급 주택가가 계속 들어설 확률이 높다. 행복도시의 인프라와 쾌적한 전원생활을 동시에 누릴 수 있기 때문이다.

남부생활권도 정주여건이 계속 좋아질 것이다. 전원 주거 수요를 수용할 수 있도록 친환경 주거단지를 조성한다고 시에서 밝혔기 때문이다. 남부생활권은 금남면 일대인데, 이곳은 대전과 가깝다. 그래서 개발제한구역으로 묶여 있는 점이 다소 아쉽다. 녹지축(생태계 보전)으로 묶여 있다.

지금까지 세종시의 국토종합계획과 도시기본계획을 살펴보았다. 국토종합계획을 통해서는 큰 그림을, 도시기본계획을 통해서는 구체적인 그림을 살펴봤다. 이제부터는 세종의 어떤 토지에 관심을 가져야 할지 알아보도록 한다.

어떤 토지에
관심을 가져야 할까?

나는 지금까지 대략적 추정 알고리즘을 통해 지난 10년간 많이 오른 곳이 향후 10년 동안에도 많이 오를 것이라고 주장했다. 그리고 그중 한 곳이 세종특별자치시라고 했다. 세종의 국토종합계획과 도시 기본계획을 살펴보니, 행복도시와 조치원 사이가 좋고 조치원과 소정 면까지의 라인이 좋다는 것도 알았다. 그렇다면 어떤 토지에 관심을 가져야 할까? 역시 대략적 추정 알고리즘을 활용해보자.

다음 도표는 지난 10년간 세종의 용도지역별 지가 상승률을 보여준다. 세종시 평균이 54.28%이고, 평균보다 많이 오른 곳이 계획관리, 생산관리, 보전관리, 농림지역, 녹지지역이다. 관리지역과 농림지역의 토지가 비교적 많이 올랐음을 알 수 있다. 따라서 세종의 관리지역과 농림지역에 관심을 가져야 한다.

세종의 관리지역과 농림지역 토지에 어떻게 투자해야 할까? 관리지

용도지역	지가 상승률(%)
평균	54.28
주거	45.926
상업	37.834
공업	18.081
녹지	62.453
보전관리	57.663
생산관리	59.47
계획관리	80.403
농림	59.146
자보	34.877

역과 농림지역에는 농지가 많다. 그래서 농지에 관심을 가져야 한다. 농지는 농사짓는 용도의 토지로 지목이 전, 답, 과수원인 토지를 말한다. 농지는 비교적 저렴하고 개발 가능성이 있다. 그러니 농지에 관심을 갖고 대출을 활용하자.

세종의 경우, 농지는 매매가의 60% 정도 대출이 가능하다. 대출 비율은 개인 신용도와 물건의 가치 등에 따라 다르다. 그래서 신용이 무난하고 이상한 토지만 아니라면 정상적인 대출이 가능하다. 대출 한도는 지역에 따라 조금씩 다르다. 지가가 많이 오르고 있는 지역은 담보

인정비율이 좀 더 높고, 지가가 오르지 않은 곳은 담보인정비율이 좀 더 낮다. 통상 매매가의 60% 전후에서 대출이 가능하다.

평당 60만 원인 관리지역의 농지 500평을 3억 원에 매수했다고 가정해보자. 거래가의 60%인 1억 8천만 원을 대출받고, 나머지 40%에 해당하는 1억 2천만 원을 준비하면 된다. 여기에 농지취득세 3.4%와 중개비 등을 준비하면 된다. 취득세는 1,020만 원, 중개비는 270만 원 정도다. 참고로 중개비는 0.9% 내에서 협의하는데, 사전 협의가 없었다면 270만 원을 준비하면 된다. 토지를 매수할 때는 계약금을 입금하기 전에 중개비에 관해 사전 협의를 하는 것이 좋다.

다시 본론으로 돌아가면, 3억 원인 토지를 매수할 때 대략 1억 4천만 원의 자본금이면 된다. 대출 이자는 2% 중반까지도 가능하다. 대략 2.5~3%로 생각하면 될 것이다.[10] 이 사례에서는 1억 8천만 원을 대출 실행했으니 대출 금리를 3%로 감안했을 때 1년 이자는 540만 원이다. 그리고 한 달 이자를 계산하면 45만 원이다. 이때 토지를 매수하면서 손품을 더 팔면 매매가의 70%까지도 대출을 실행할 수 있다. 60%와 70%는 10%p 차이지만 투자자들이 느끼는 심리적인 차이는 크다.

만약 3억 원인 토지를 사면서 대출 70%를 받으면 2억 1천만 원이다. 다시 말해 본인 투자금이 9천만 원이다. 한 달 이자는 기존 45만 원에서 52만 5천 원으로 한 달에 약 7만 5천 원 정도가 늘어난다. 레버

---

10 2022년 3월 기준으로 대출 금리가 조금씩 오르고 있다. 토지 대출에 관한 금리는 대출 시점에 정확하게 알 수 있다.

	대출 60%	대출 70%
대출금	1억 8천만 원	2억 1천만 원
월 이자	45만 원	52만 5천 원
실 투자금액	1억 2천만 원	9천만 원
부대비용	취득세·중개비·등기비용 등	취득세·중개비·등기비용 등

리지를 잘 활용해서 투자금을 줄이는 방법은 좋다. 하지만 토지는 아파트와 달리 월세 개념이 없으므로 감당할 수준의 대출만 실행해야 한다. 또한 토지 대출은 본인의 신용과 토지의 이용현황 도로에 접한 모양 등에 따라 한도가 다르다. 따라서 가입 시기에 따라 조건 등은 변동될 수 있다.

매도시에 수익률은 어떻게 될까? 레버리지를 활용했으므로 수익률은 더 높게 나온다. 5년을 보유하고 시세가 2배가 올랐다고 가정해보자. 그렇다면 매도금액은 6억 원이다. 취득가는 3억 원, 양도차익도 3억 원이다(계산 편의를 위해 취득세, 중개비, 등기비용 등 기타비용은 제외함). 대출 60%를 실행했을 때는 1억 2천만 원을 투자해 3억 원의 양도차익을 얻고, 대출 70%를 실행했을 때는 9천만 원을 투자해 3억 원의 양도차익을 얻는다. 수익률만 비교해봐도 전자는 250%, 후자는 330%로, 80%p 차이가 난다.

다음 경우에는 실제 투자 수익이 얼마나 될까? 서울에 거주하는 직장인이 세종의 토지를 3억 원에 매수해서 대출 60%를 실행했다. 그리

<h2>〈투자 수익〉</h2>

양도가액		6억 원	
매수금액		3억 원	
양도차익		3억 원	
필요경비	양도시 중개비	540만 원	매매대금의 0.9% 내 협의로 최대치 적용
	매수시 중개비	270만 원	매매대금의 0.9% 내 협의로 최대치 적용
	취득세	1,020만 원	농지 3.4%
	등기신청 수수료	1만 5천 원	
	채권할인	15만 원	·공시지가 1억 원 이상 (1) 특별시 및 광역시 50/1000 (2) 그 밖의 지역 45/1000 ·공시지가는 1억 원으로 가정하며, 할인율은 매일 변동하여 여기서는 3% 적용
	수입인지	15만 원	·매매가격 1천만 원 초과~3천만 원 이하: 2만 원 ·매매가격 3천만 원 초과~5천만 원 이하: 4만 원 ·매매가격 5천만 원 초과~1억 원 이하: 7만 원 ·매매가격 1억 원 초과~10억 원 이하: 15만 원 ·매매가격 10억 원 초과: 35만 원
기본공제		250만 원	연간 250만 원이며 1월 1일 기준으로 가장 먼저 양도한 부동산에서부터 공제. 본인이 특정 부동산을 선택해서 기본공제를 사용할 수 없음.
필요경비와 기본공제를 한 금액		2억 7,888만 5천 원	
장기보유특별공제		2,788만 8,500원	3년부터 매년 2% 추가 (5년 보유했으므로 2%×5)

과세표준	2억 5,099만 6,500원	
양도소득세	1억 107만 8,320원	비사업용토지 3억 원 이하 48%에 누진공제 1,940만 원 적용
투자 수익금	1억 9,892만 1,680원	
대출이자	2,700만 원	60% 대출시 원금 1억 8천만 원/금리 3% 적용/5년치 이자
실제 투자 수익금	1억 7,192만 1,680원	대출이자까지 고려한 실제 투자 수익

고 5년을 보유한 후 6억 원에 팔았다. 이때 투자 수익은 다음과 같다.

3억 원 토지를 매수, 5년을 보유한 후 매도해서 3억 원의 차익을 얻었으면 투자 수익은 1억 7,192만 1,680원이다. 개인은 대출이자가 필요경비에 포함되지 않는다. 그래서 양도소득세를 납부한 금액에서 빼야 한다. 또 서울에 거주하는 직장인이 세종의 토지를 매수하면 이는 비사업용으로 보기에, 양도차익의 추가 10%p를 양도소득세로 더 내야 한다. 만약 사업용토지라면 세금을 대략 2,500만 원 덜 낸다.

양도소득세 납부시에 목적에 맞게 토지를 사용했는지, 그렇지 않은지를 판단한다. 목적에 맞게 사용했다면 사업용토지로 보고, 목적에 맞지 않았다면 비사업용토지로 본다. 농지는 그 목적에 맞게 사용했는지

1. 보유기간 중 60% 이상을 농지로 사용해야 한다.
2. 농지소재지에 거주하거나 연접한 시·군·구에 거주하거나 직선거리 30km 이내에 거주해야 한다.
3. 상시 농업에 송사하거나 농작업의 1/2 이상을 본인이 해야 한다. 총급여액이나 사업소득이 연간 3,700만 원 이상인 경우 해당 연도는 자경기간에서 제외된다.

를 본다. 그 조건은 위와 같다.

살펴본 사례는 서울에 사는 직장인이 세종의 농지를 취득한 경우다. 서울과 세종은 직선거리로 30km가 넘기 때문에 다른 조건을 모두 만족한다고 해도 비사업용토지로 본다.

농지가 세종에 소재하기 때문에 세종시에 거주해야 한다. 또는 세종에 연접한 천안, 청주, 공주에 거주하거나 대전 유성구에 거주해야 한다. 여기서 '시·군·구'는 자치구를 말하는데, 자치단체장을 투표로 선출하는 지역이다. 대전은 유성구가 세종과 경계를 접하고, 다른 '구'와는 연접하지 않는다.

만약 여기에 해당하지 않는다면 농지소재지와 거주지 주소를 직선거리로 측정해서 30km 이내로만 들어오면 된다. 이때 농지의 지번과 주민등록상 주소지의 거리를 잰다. 거리 측정은 카카오맵이나 네이버 지도에서 쉽게 알아볼 수 있다. 소유한 농지가 '세종특별자치시 장군면 봉안리 51번지'이고 주민등록상 주소가 '대전광역시 서구 청사로 65 황실타운아파트'라고 가정해보자.

〈거리 측정법〉

　대전 서구는 세종과 연접하지 않는다. 따라서 사업용토지로 인정받으려면 직선거리 30km 이내여야 한다. 카카오맵에서 '길찾기'를 하면 대략 24km다. 여기서 우측 중간의 '거리재기' 메뉴에서 거리를 측정하면 직선거리가 19.28km이다. 즉 30km 이내다. 따라서 대전 서구 황실타운아파트에 거주하면서 세종 전동면의 농지를 보유기간 중 60% 이상을 자경한다면 사업용토지로 인정받을 수 있다.

　다만 사업용토지로 인정받으려면 소득 요건까지 갖추어야 한다. 따라서 실제 농업에 종사하거나 농업 외의 다른 분야에 종사한다면 사업용토지로 인정받기가 쉽지 않다. 그러니 일단은 비사업용토지로 생각하는 것이 좋다.

토지의 취득세와 양도소득세율

토지를 취득하고 양도하면 취득세와 양도소득세를 납부해야 한다. 취득세는 부동산을 취득한 날로부터 60일 이내에 신고하고 납부해야 한다. 경매로 낙찰을 받은 토지라면 잔금을 납부하고 60일 이내에 신고하면 된다. 세율은 취득가액의 1.5~4%다.

농어촌특별세는 농어업의 경쟁력 강화와 농어촌 산업기반시설의 확충 및 농어촌지역 개발사업을 위해 필요한 재원을 확보하고자 부과되는 세금이다. 취득세 과세표준의 0.2%를 농어촌특별세로 납부한다.

지방교육세는 지방 교육의 질적 향상에 필요한 지방교육재정의 확충에 필요한 재원을 확보하기 위해 부과되는 세금으로, 0.06~0.4%까지 부담한다. 이를 모두 합치면 토지를 취득할 때는 취득 원인과 종류에 따라 최소 1.6%에서 최대 4.6%의 취득세를 납부한다.

토지를 팔아 수익이 발생하면 양도차익에 대해서도 세금을 내는데, 이것이 양도소득세다. 토지에 대한 양도소득세율은 다음 도표와 같다. 사업용토지인지, 비사업용토지인지에 따라 세율이 다르다.

〈토지 취득세〉

구분			취득세 (%)	농어촌 특별세 (%)	지방 교육세 (%)	합계 (%)
대지, 임야 등			4	0.2	0.4	4.6
원시취득, 상속(농지 외)			2.8	0.2	0.16	3.16
증여			3.5	0.2	0.3	4
농지	매매	신규	3	0.2	0.2	3.4
		2년 이상 자경	1.5	비과세	0.1	1.6
	상속		2.3	0.2	0.06	2.56

〈 사업용토지와 비사업용토지의 양도소득세율〉

보유기간	과세표준	사업용토지		비사업용토지	
		세율 (%)	누진 공제액	세율 (%)	누신 공제액
1년 미만		50	없음	50	없음
1년 이상~2년 미만		40	없음	40	없음
2년 이상	1,200만 원 이하	6	없음	16	없음
	1,200만 원 초과 ~4,600만 원 이하	15	108만 원	25	108만 원
	4,600만 원 초과 ~8,800민 원 이하	24	522만 원	34	522만 원
	8,800만 원 초과 ~1억 5천만 원 이하	35	1,490만 원	45	1,490만 원
	1억 5천만 원 초과~3억 원 이하	38	1,940만 원	48	1,940만 원
	3억 원 초과 ~5억 원 이하	40	2,540만 원	50	2,540만 원
	5억 원 초과	42	3,540만 원	52	3,540만 원

04

비사업용토지를
사업용토지로 만드는 방법

 사업용토지로 인정받는 방법은 없을까? 이럴 때는 농지임대 수탁사업을 활용하자. 농지임대 수탁사업은 한국농어촌공사에서 운영하는 사업이다. 농지를 활용할 여건이 안 되는 사람들에게 농지를 빌린 다음, 농지가 필요한 현지인에게 재임대하는 사업이다.

가. 임대대상농지

· '농지법' 시행일(1996. 01. 01) 이후 취득한 개인 소유 농지

　-전, 답, 과수원과 그 밖에 실제 농작물 경작지 또는 다년생 식물 재배지

　-'초지법'에 따라 조성된 토지는 제외

· '농지법' 시행일(1996. 01. 01) 이전 취득한 법인 소유 농지

나. 임대대상자: 농업인, 비농업인, 농업법인(1996년 이전 취득법인에 한함)

다. 임대기간: 5년 이상

    – 최초의 계약기간 만료 후 동일 임차인과 재계약하는 경우 3년 이상 계약 가능

리. 임대료 신정

    –당해 농지에 대한 전반적인 상황을 고려하여 임차인과 협의

마. 위탁수수료

    · 농지임대 위탁시: 연간 임대차료의 5% 매년 부과

    · 사용대 위탁시: 건당 10만 원(계약시 1회)

바. 신청시 서류

    · 농지임대(사용대) 위탁신청서

    · 주민등록등본

    · 등기부등본

    · 부동산종합증명서

사. 계약시 서류

    · 신분증

    · 본인 통장(사본)

※ 기존에는 1천m² 이상의 농지만 농지임대 수탁사업을 이용할 수 있었지만, 2020년 5월 1일자로 이 규정이 폐지되었다. 따라서 현재는 면적요건이 없다.
※ 도시지역의 주거지역, 상업지역, 공업지역의 농지는 불가하다.

농지임대 수탁사업을 활용하면 다음과 같은 장점이 있다. 농지임대 수탁사업을 통해 8년 이상 임대하면 비사업용토지를 사업용토지로 인

정해준다. 따라서 양도소득세를 절감할 수 있다. 그리고 농지의 처분명령에서 제외되어 농지 보유가 수월해진다.

농지를 취득한 후 농업 경영에 이용하지 않으면 처분명령과 이행강제금이 부과되는데, 농지임대 수탁사업을 활용하면 처분명령에서 제외된다. 합법적으로 농지 소유가 가능하다. 다만 농지를 구입해 곧바로 농지임대 수탁사업으로 임대하면 불이익이 있을 수 있으니 주의해야한다. 〈농민원사례집 발췌〉에서 발췌한 다음 내용을 참고하자.

질문) 한국농어촌공사에 임대할 목적으로 농지를 취득하거나 취득 직후 공사에 임대하는 경우 농지법 위반인지 여부

답변) 임대 목적의 농지취득은 불가능. 취득 후 자기의 농업경영에 이용하지 않고 공사에 임대하는 것은 농지를 소유할 목적으로 거짓이나 그 밖에 부정한 방법으로 농지를 취득한 것으로 농지법 위반에 해당될 수 있음.

※ 농지는 자기의 농업경영에 이용할 목적으로 소유하여야 하며, 소유 농지를 농지법에서 정한 정당한 사유 없이 자기의 농업경영에 이용하지 않거나 이용하지 아니하게 된 경우에는 원칙적으로 농지를 처분하여야 함(농지법 제6조, 제10조).
※ 농지법 제23조 제1항 6호에는 농지법 제6조 1항에 따라 소유하고 있는 농지를 한국농어촌공사(농지은행)에 위탁하여 임대하거나 사용할 수 있도록 하고 있음.
※ 즉 대상농지는 자기의 농업경영 이용 목적으로 소유가 허용된 농지(농지법 제6조 1항에 따라 소유하고 있는 농지)이므로 자기의 농업경영에 이용 중 농업경영을 지속할 수 없는 사정 변경에 따라 임대가 가능하다는 의미임.

따라서 공사에 임대할 목적으로 농지를 취득하거나 취득 직후 자기의 농업경영 없이 공사에 임대하는 것은 농지를 소유할 목적으로 거짓이나 그 밖에 부정한 방법으로 농지를 취득한 것은 농지법 위반에 해당함.

농지를 취득해서 바로 농지임대 수탁사업으로 임대를 하면 농지법 위반 여지가 있다. 2022년 초에 농지를 취득하고 2~3년이 지나야 농지임대 수탁사업을 통해 임대할 수 있도록 관련 법 개정을 논의 중이다.

이렇게 하면 어떨까? 토지에 투자하기 전에 보유기간을 먼저 결정하자. 단기보유할 것인지, 장기보유할 것인지를 결정하자. 대략 3년에서 5년 정도를 단기, 5년 이상을 장기로 구분한다. 그런 다음 농지와의 거리를 고려하자. 만약 거리가 가까워서 사업용토지로 운영할 수 있다면 그렇게 하자. 하지만 거리나 기타 자경 요건 등에 의해 사업용토지로 운영할 수 없다면 농지임대 수탁사업을 활용하자. 그렇게 8년을 임대 위탁하면 사업용토지가 된다. 그리고 장기보유 특별공제도 가능하다.

토지를 법인으로 거래할 수 있다

투자 목적으로 거주지에서 먼 농지나 임야를 구입하면 재촌 요건이 되지 않으므로

비사업용토지가 된다. 이러한 경우에는 무조건 10%의 세금을 추가로 부담해야 할

까? 그렇지는 않다. 토지 거래에서도 법인을 활용할 수 있다. 개인으로 거래할 때보

다 세 부담이 줄어든다.

〈소득세 및 법인세율〉

소득세		법인세	
과세표준	소득세율(%)	과세표준	법인세율(%)
1,200만 원 이하	6	2억 원 이하	10
1,200만 원 초과 ~4,600만 원 이하	15		
4,600만 원 초과 ~8,800만 원 이하	24	2억 원 초과 ~200억 원 이하	20
8,800만 원 초과 ~1억 5천만 원 이하	35		
1억 5천만 원 초과 ~3억 원 이하	38	200억 원 초과 ~3천억 원 이하	22
3억 원 초과~5억 원 이하	40		
5억 원 초과~10억 원 이하	42	3천억 원 초과	25
10억 원 초과	45		

법인도 토지를 거래할 수 있다. 법인에는 양도소득세라는 개념이 없다. 법인이 토지를 거래해서 수익이 나면 법인세만 납부하면 된다. 물론 법인도 비사업용토지에 대해서는 법인세 외에 추가 10%p의 추가법인세를 납부해야 한다. 하지만 일정 규모가 넘으면 개인이 납부하는 양도소득세율보다 법인세율이 낮다. 따라서 법인으로 거래하는 것이 유리하다. 특히 양도차익이 클수록 법인이 유리하며 그 차이는 더 벌어진다. 법인은 개인보다 경비처리할 수 있는 범위도 더 넓다.

가령 2억 원에 산 토지를 2년 보유하고, 2년이 지난 시점에 4억 원에 매도했다고 하자. 이때 양도차익은 2억 원이다. 사업용토지라면 양도소득세는 5,660만 600원(2억 원×38%-1,940만 원)이다. 하지만 비사업용토지라면 양도소득세는 7,660만 원(2억 원×48%-1,940만 원)이다.

이런 경우 법인이 거래했다면 세금은 어떻게 될까? 법인은 법인세만 납부하면 된다. 양도차익이 2억 원이니 세율은 10%가 되어 2천만 원의 법인세를 납부해야 한다. 만약 이 토지가 비사업용토지라면 추가로 10%를 내면 된다. 2천만 원이다. 양도차익이 2억 원인 경우 사업용토지인지 비사업용토지인지 구분 없이 법인이 개인보다 약 3,660만 원 세금을 덜 낸다. 거래 토지가 사업용토지든, 비사업용토지든 상관없이 양도차익이 클수록 법인이 유리하다. 여기에 양도차익 2억 원에 대해 개인이 필요경비로 공제받을 수 있는 범위는 작지만, 법인이 공제받을 수 있는 항목은 더 많다. 그래서 어느 정도 규모가 되거나 토지 거래가 잦다면 법인 설립을 고민해볼 필요가 있다.

농지를 법인으로 취득하기 위해서는 주의할 점이 있다. 일반법인은 농지를 취득할 수 없다는 사실이다. 농지를 취득하기 위해서는 '농지취득자격증명서'가 필요한데

일반 법인에는 이 서류가 발급되지 않는다. 그래서 농지를 법인으로 취득하고자 한다면, 농업회사법인이나 영농조합법인이 필요하다. 일반법인은 대지나 임야 등을 취득할 수 있고, 농지 중에서도 농지취득자격증명서가 필요 없는 도시지역의 주거지역, 상업지역, 공업지역의 농지를 취득할 수 있다.

법인이 토지를 거래하면 여러 가지 장점이 있다. 개인은 필요경비로 인정받는 항목이 정해져 있는 반면에, 법인은 해당 사업과 관련이 있는 비용은 필요경비로 인정받을 수 있다. 비사업용토지와 단기 매매 등 잦은 거래에 유리하다.

법인은 양도소득세라는 개념이 없다. 법인이 영리활동을 하고 그로 인해 수입이 생기면 필요경비를 제하고 나머지 이익에 대해 법인세만 납부하면 된다. 이 이익에는 토지를 거래하여 얻은 양도차익도 포함된다. 개인이 토지를 취득해서 1년 이내에 팔면 주민세를 포함하여 55%의 세금을 납부해야 하지만, 법인은 1년 이내에 팔았더라도 법인세만 납부하면 된다. 비사업용토지라고 해도 추가과세 10%p와 모든 수익을 합쳐 계산한 법인세 10%(과세표준 2억 원까지)만 납부하면 된다. 추가과세는 비사업용토지에 해당하므로 사업용토지를 거래한다면 추가과세를 부담할 필요가 없다.

건강보험료를 줄일 수도 있다. 보유한 부동산이 많으면 건강보험료가 부담스러워진다. 현행 우리나라 건강보험료 체계를 보면 지역가입자는 직장가입자에 비해 보험료 부담이 크다. 하지만 법인을 설립해 대표가 되면 급여를 책정하여 직장가입자 자격을 갖출 수 있다. 그럼 지역가입자에 비해 상대적으로 부담이 줄어든다. 피부양자 자격을 유지하는 데도 지역가입자보다 낫다. 개인은 사업자등록을 하고 소득이 발생하면 피부양자 자격이 없어지지만, 법인은 직원이나 대표가 아니라 주식만 보유한다면 피부양자 자격을 유지할 수 있다.

결손금은 10년 동안 이월된다. 개인은 부동산 거래에서 손해를 보면 같은 해에 발생한 이익만 상계처리할 수 있어서 다음 해로 이월시킬 수 없다. 하지만 법인은 사업으로 손실이 생기면 이를 10년까지 이월해서 공제가 가능하다. 다만 2017년 12월 19일 법인세법 일부 개정으로, 조세특례제한법상 중소기업 등을 제외한 내국법인의 이월결손금 공제한도를 다음과 같이 단계적으로 축소했다.

〈이월결손금 공제한도〉

구분	공제한도(%)		
	2017년	2018년	2019년 이후
일반기업	80	70	60
중소기업 등	100		

개인은 매매를 자주하면 매매사업자로 간주될 수 있다. 보통 6개월 동안 1회 이상 취득하고, 2회 이상 매도하는 행위를 1년간 하면 매매사업자로 간주될 수 있다. 1년에 2번 이상 매수하고 4번 이상 매도하면 가능성이 더 높다. 그러니 대비가 필요하다. 만약 매매사업자로 간주되는 경우, 다른 소득과 합산되어서 추가로 세금을 납부해야 한다. 또한 거래한 부동산 중 전용면적 $85m^2$ 이상인 아파트가 있다면 건물분에 대해서는 부가세도 납부해야 한다. 그만큼 세 부담이 늘어나는 것이다. 그런데 법인은 간주매매사업자에 대한 규정이 없다. 그래서 법인은 여러 면에서 활용이 가능하다.

05

다른 지역의 도시기본계획을 살펴보자

 투자는 여유 자금과의 싸움이다. 여유 자금이 많다면 투자하는 데 분명히 유리하다. 사놓고 기다리면 금리나 물가인상의 수십 배에 달하는 수익을 올릴 수 있어서다. 그래서 하루라도 빨리 종잣돈 모으기를 시작해야 한다.

토지 투자, 어떻게 접근하면 좋을까? 토지에 투자할 때는 2가지를 고려하자. 바로 인구와 도로다. 이 2가지가 토지가격에 영향을 미친다. 가령 1만 명이 살던 도시에 1만 명이 추가로 유입되었다고 하자. 그러면 주택도, 상가도, 학교도 필요해진다. 자연스레 토지가 필요해진다. 그런데 해당 도시의 토지는 한정되어 있다. 새로 공급하기는 어렵다. 결국 건물을 지을 토지가 부족하면 기존 건물을 증축하거나 넓힌다. 결국 땅값은 상승하고, 이는 지역 부동산에 호재로 이어진다.

도로도 마찬가지다. 서울에서 3시간 걸리던 지방이 고속도로나 고속철도가 건설되어 시간이 단축되면 접근성이 좋아져서 관광객이 몰려든다. 대전-진주 간 고속도로가 개통되면서 삼천포 일대의 지가가 상승한 사실만 봐도 그렇다.

송도와 광교를 보자. 둘 중에 어느 지역의 부동산이 더 비쌀까? 광교가 더 비싸다. 그렇다고 송도가 살기 좋지 않다는 건 아니다. 송도와 광교의 부동산가격 차이를 만드는 것은 신분당선이다. 신분당선은 강남과 광교를 잇는 노선이다. 광교에서 신분당선을 이용하면 37분 만에 강남역에 도착할 수 있다. 그런데 송도에서 지하철을 이용해 강남에 가려면 시간도 오래 걸리고 여러 번 환승해야 한다.

국토종합계획이나 도시기본계획을 볼 때는 새로 생긴 지역에 주목해야 한다. 2020서울도시기본계획에서는 1도심·5부도심이었는데, 2030서울도시기본계획에서는 3도심·7광역 중심으로 변경되었다. 2개의 도심과 2개의 광역 중심이 추가되었다. 이런 곳을 중점적으로 살펴보자.

서울에서는 도심으로 승격한 강남, 영등포, 여의도가 중요하다. 이세 지역은 도심으로 새로 추가되었다. 서울 아파트가격이 오르고 역세권 고밀개발과 준공업지역 개발 계획이 진행되고 있는 점에서 영등포와 여의도는 무척 중요하다. 특히 여의도는 서울에서 '고급 재건축'이 가능한 마지막 지역이다.

당산역에서 영등포구청역으로 이어지는 라인은 준공업지역 개발과 관련해서 주목해야 한다. 영등포구의 준공업지역에는 크고 작은 공장

<준공업지역>

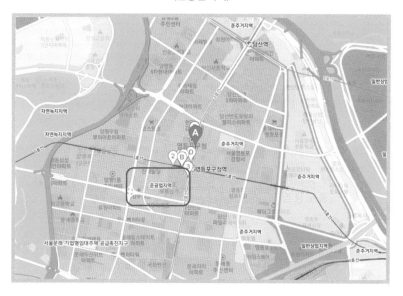

들이 많다. 공장은 주택과 달리 대출도 가능해서 투자 목적으로 접근해도 좋다.

광역중심에서는 마곡, 가산·대림, 잠실, 창동·상계를 주목하자. 영등포와 강남은 도심으로 승격되었고, 그 빈자리를 이 지역들이 채우고 있다. 특히 창동·상계에 기회가 많다고 본다. 마곡이나 가산·대림, 잠실은 이미 개발이 꽤 진행되어서 아파트가격과 토지가격이 많이 상승했다. 그런데 창동·상계는 상대적으로 지가가 저렴하고, 이제 막 시작하는 단계라서 투자로 접근이 가능하다.

다음은 인천의 도시기본계획이다. 인천은 4개의 축을 기반으로 한다. 바로 도시재생축, 미래성장축, 국제기반축, 평화벨트축이다. 4개의

축 중에서 지가 상승과 관련이 없는 곳은 어디일까? 바로 평화벨트축이다. 앞서 지가 상승과 관련이 없는 키워드가 문화, 역사, 자연, 환경, 공원, 수변, 녹색, 평화임을 살펴보았다. 따라서 인천에서는 도시재생축과 미래성장축이 좋아 보인다. 인천의 도시기본계획을 보면 영종도와 서구 개발 계획이 많다.

2030부산도시기본계획은 부산시 최상위 공간계획이다. 부산의 미래상과 발전전략은 물론, 도시계획의 패러다임과 부산시 여건 변화 등 대내외적 여건 변화에 따른 도시의 역할을 재정립했다. 신공항, 서부산 그랜드플랜, 해양산업클러스터, 센텀2 도시첨단 조성 등 시 주요 현안 사업에 대한 실현 방향을 반영함으로써 인구 1천만 명의 메갈로폴리스를 지향하는 부산권의 실천방안을 제시하여 차별화 전략을 수립했다.

부산은 울산과 경남을 합치면 인구 1천만 명의 거대한 생활권을 형성한다. 이를 메갈로폴리스라고 한다. 주요 발전전략으로는 부산·울산·경남을 통합하는 부산권을 설정하고, 광양·부산·울산 등 인접 지역을 90분 이내로 연결하는 삶을 공유하는 광역권 형성, 경제·관광 등을 네트워크화해서 반나절 생활교통망 구축, 광양~부산~포항에 걸친 300km에 이르는 해양산업벨트를 연계시킨 해양산업클러스터 조성 등이다.

경쟁력 확보를 위한 공간구조는 다음과 같이 개편한다. 기존 2도심·6부도심·4지역중심으로 설정되었던 공간구조에서 서면, 광복 2개의 도심 외에 중심지로 성장하고 있는 강서, 해운대 지역을 도심으로 승격시켜 총 4개의 도심으로 확대해 설정한다. 이를 지원할 수 있도록 김해신공항 등을 고려한 6부도심과 지역별 도시 활성화를 유도할 수 있는 5개의 지역특화핵을 설정하는 등 1광역중심·4도심·6부도심·5지역 특화권으로 재편했다.

서울처럼 새로 승격되거나 추가된 지역에 관심을 갖는 것이 좋다. 부도심에서 도심으로 승격된 해운대와 강서, 지역 중심에서 부도심으로 승격된 기장, 5지역특화에 포함된 정관 등이 그렇다.

도시기본계획의 실현을 위해 부산시를 3개 생활권으로 구분하고, 생활권별 발전 방향과 실천 전략을 제시했다. 서부산권역의 세부 실천 전략을 살펴보자. 신공항을 중심으로 한 물류, 산업, 주거, 관광이 연계되는 글로벌 관문도시로서 주거매력도 강화, 산업체질 개선을 통한 산업재생을 목표로 한다. 주요 사업계획으로는 2026년 신공항 개항을 목표로 해운과 항공의 연계 인프라를 단계적으로 구축하고, 스마트 산업 및 물류 강화를 위한 기반시설 강화와 순환재생형 산업단지를 조성함으로써 글로벌 주거, 문화, 관광을 위한 자족도시 환경을 마련하는 것으로 되어 있다.

중부산권은 북항재개발에서 역세권과 구릉지 재생을 아우르는 경제기반형 콤팩트 도시재생을 순차적으로 시행한다. 역사문화 자원과 해양과의 연계를 통한 부산의 상징성 강화를 목표로 설정했다. 이를 위해 226개소의 재생사업과 역세권 개발 등 각종 원도심 재생사업을 통해 경쟁력을 지속시키고, 행복주택, 부산외대 이전 부지 개발 등을 통해 도시공간을 재창조하며, 기 진행 중인 북항재개발 2단계를 2030년까지 완료하여 해양신산업 클러스터 등과 연계되도록 할 계획이다.

동부산권의 실천 전략으로는 바이오, 에너지 등 미래형 첨단산업의 메카로서 관광휴양개발과 친환경 주거 인프라 확충 등 주거 트렌드 변화와 친환경 산업수요를 결합시킨 지역특화개발을 목표로 한다. 이를 위해 센텀2 도시첨단산업단지 개발 등을 통해 미래형 첨단산업을 육성하고, 접경지역 주거단지 조성 등으로 미래 주거수요에도 대비할 계획이다.

다음은 대구의 도시기본계획이다. 기존 2도심·4부도심·1신도시 체계에서 1도심·4부도심·5성장유도거점으로 계획이 바뀌었다. 기존에는 중부와 동대구가 2중심을 이루었는데, 동대구는 부도심으로 바뀌고 중구가 1도심으로 바뀌었다. 1도심을 중심에 두고 왼쪽은 서대구, 오른쪽은 동대구가 보좌하고 있는 모습이다. 1도심이 왕이라면 서대구와 동대구는 우의정과 좌의정에 해당한다. 이에 따라 동대구와 5성장유도거점을 주목해야 한다.

5성장유도거점은 서대구, 월배·화원, 수성, 안심, 불로·검단이다. 동대구와 서대구는 KTX 역세권 개발사업이 진행 중이다. 따라서 이곳의 사업들이 완성되면 지금과는 다른 모습일 것이다. 특히 KTX 역세권 개발 사업이 진행 중인 곳들은 관심 있게 지켜볼 필요가 있다.

이외에도 관심을 가져야 할 곳이 있다. 대구의 첫 외곽순환도로인 '대구4차순환도로'가 2022년 상반기에 개통한다. 대구4차순환도로

〈대구4차순환도로〉

는 대구의 외곽을 연결하는 첫 순환도로로, 1987년 기본계획을 수립한 지 35년 만에 완공될 예정이다. 총길이는 61.6km다. 수성구 범물동에서 달서구 상인동까지 앞산터널로 10.4km를 포함해 29.1km는 부분 개통되었고, 나머지 32.5km 구간이 2022년 상반기에 완공될 예정이다. 대구4차순환도로에는 8개의 나들목과 3개의 분기점이 마련되어 대구·경북을 지나는 국도 및 고속도로와 연결된다.

8개 방사축(영천·청통·마산·안동·경산·청도·성주·왜관)으로 만들어진 대구의 도로 구조가 도심을 통과하는 교통량을 외곽으로 분산해 도심 혼잡 해소와 대구·경북 지역의 원활한 물동량 수송에 큰 도움을 줄 것으로 기대하고 있다.

그렇다면 대구4차순환도로의 수혜 지역은 어디가 될까? 핵심은 순환도로 개통으로 교통여건이 좋아지는 지역들이다. 나들목과 분기점 주변이 첫 번째 대상이고, 4차순환도로 개통으로 교통여건이 좋아지는 외곽의 택지지구들이 두 번째 대상이다. 칠곡지구, 연경지구, 이시아폴리스, 신서혁신도시, 지산 범물지구, 대곡지구, 월배지구, 다사 신도시, 도남지구 등이 해당한다.

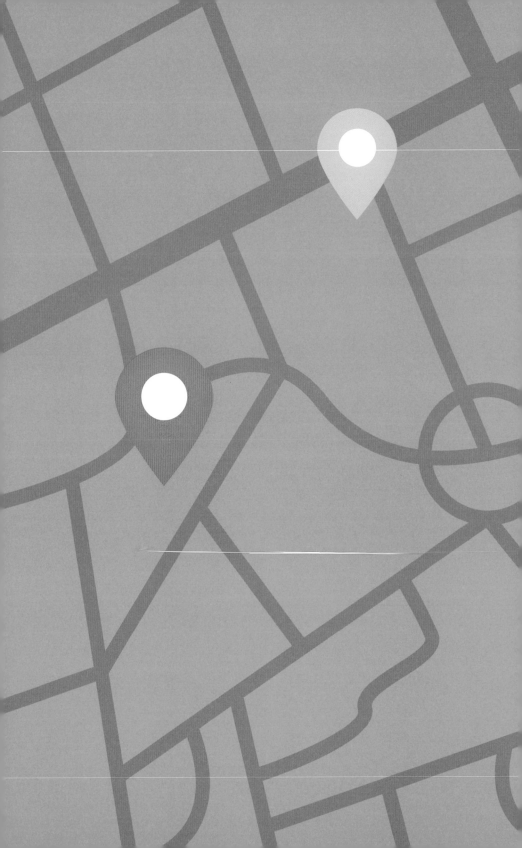

PART5

반드시
알아야 하는
토지 투자의 핵심

반드시 알아야 할
경매와 공매

경매와 공매는 국가 시스템 중 하나로, 우리가 기본적으로 알아두어야 할 제도다. 살다 보면 이런저런 이유로 돈 거래를 할 때가 있다. 그런데 대다수는 돈을 빌려주고 제때 받은 적이 별로 없을 것이다. 가까운 사이일수록 돈을 갚으라고 이야기하기도 난감하다. 돈을 받기로 한 날보다 한참이 지나서야 어렵게 연락을 하지만 달라지는 건 없다. 이럴 때는 어떻게 해야 할까?

먼저 보전처분을 해야 한다. 보전처분에는 가압류와 가처분이 있다. 돈으로 환산할 수 있으면 가압류를, 돈으로 환산할 수 없으면 가처분을 하면 된다. 돈을 빌려주고 받지 못했다면 가압류를 해야 한다. 가압류는 해당 재산을 처분하지 못하게 묶어 놓는 효력이 있다. 그런 다음 본안소송을 제기해야 한다. 소송을 통해 '돈을 지급하라'는 판결문을 받아야 한다. 판결문을 가지고 가압류한 재산을 경매처분한 다음, 매각대

〈채권 회수 과정〉

보전처분 　　　 본안소송 　　　 강제집행

금에서 빌려준 돈을 배당받으면 된다.

　은행도 마찬가지다. 은행은 돈을 빌리러 온 사람의 재산을 담보로 돈을 빌려준다. 돈을 빌려간 사람이 원금과 이자를 제때 갚으면 좋겠지만 그렇지 않은 경우도 있다. 그러면 은행은 담보로 잡은 부동산을 경매처분한다. 경매에서 낙찰된 매각대금에서 원금과 이자를 합친 금액을 배당받는다.

　공매도 이와 비슷하다. 개인이나 법인이 세금을 체납하면 소유 재산에 압류가 들어온다. 부가가치세, 법인세, 소득세 등을 체납하는 경우에 그렇다. 그런 다음 해당 기관에서는 한국자산관리공사에 위탁을 한다. 한국자산관리공사에서는 세금을 납부하지 않은 사람의 재산을 공매처분한다. 이렇게 경매와 공매는 채무를 바탕으로 돈을 받기 위한 행위라는 점에서는 같다. 또한 해당 기일에서 낙찰이 되지 않으면 일정 비율을 차감하여 다음 회차에서 진행한다.

　경매는 한 번 유찰이 되면 법원에 따라 20%나 30%를 낮춰 진행한다. 1회차 최저 매각가격이 1억 원이었는데 유찰이 되었다면 2회차 최저 매각가격은 법원에 따라 7천만 원이나 8천만 원이 된다.

공매는 한 번 유찰이 되면 10%를 낮춰 진행한다. 역시 1회차 최저 매각가격이 1억 원이었는데 유찰이 되었다면 다음 회차 최저 매각가격은 9천만 원이다.

공매와 경매의 차이점은 3가지로 볼 수 있다. 첫 번째, 적용받는 법이 다르다. 경매는 민사집행법의 적용을 받지만 공매는 국세 징수법의 적용을 받는다. 그러다 보니 절차상 다르다.

차이점 두 번째, 집행기관이 다르다. 경매는 법원에서, 공매는 한국자산관리공사에서 진행한다. 집행기관이 다르므로 입찰하는 방법도 다르다. 경매는 법원에서 진행한다. 그래서 해당 날짜에 법원에 가야 한다. 법원마다 진행하는 날이 다르므로 미리 확인해야 한다. 법원경매정보(www.courtauction.go.kr) 사이트에서 물건을 검색할 수는 있지만 이용하기가 불편하다. 그래서 대부분 옥션원이나 탱크옥션 등 유료 사이트를 이용한다.

경매는 전자입찰을 하지 않으므로 정해진 날짜와 시간에 맞춰서 법원에 가야 한다. 위임장과 인감증명서를 첨부하면 대리인이 참여할 수 있다. 공매는 전자입찰을 한다. 공매입찰을 하기 위해 자산관리공사 본사나 지사를 방문할 필요가 없다. 온비드(www.onbid.co.kr) 사이트를 통해 누구나 쉽게 입찰할 수 있다. 보통 월요일 10시부터 수요일 17시까지 입찰하고, 결과는 목요일 오전 11시에 발표한다.

차이점 세번째, 진행되는 속도가 다르다. 경매는 보통 4주에서 6주에 한 번 정도 한다. 한 번 유찰되면 다음 기일은 4주에서 6주 후다. 그래서 진행이 비교적 느린 편이다. 공매는 일주일에 한 번씩 진행한다. 월요일 10시부터 수요일 17시까지 입찰을 하고, 목요일 11시에 개찰을 한다.

이때 응찰자가 있으면 그중 최고가를 적은 사람이 낙찰자가 된다. 만약 응찰자가 없으면 그 다음 주 월요일부터 수요일까지 다시 입찰을 한다. 이때는 감정가에서 10%를 차감한 금액이 최저입찰가가 된다. 이런 식으로 최저입찰가가 감정가의 50%가 될 때까지 한다. 한 달 남짓한 기간에 감정가 50%까지 유찰된다. 50%까지 유찰되어도 낙찰자가 없으면 두 달을 쉬었다가 다시 진행한다. 이를 감안해도 경매보다 진행속도가 빠르다.

경매나 공매를 통해 토지를 취득하면 어떤 점이 좋을까? 첫 번째, 싸게 살 수 있다. 경매나 공매가 가지는 가장 큰 장점이다. 언젠가 농지연금에 적합한 물건을 찾으러 충남 당진으로 답사를 간 적이 있다. 당진은 시세에 비해 공시지가 비율이 높아 농지연금과 연관 지어서 투자하면 좋다.

나는 인근의 공인중개사 사무실을 돌며 공시지가 대비 절반 이하에서 매물이 나오면 무조건 사겠으니 연락을 달라고 했다. 하지만 며칠이 지나도 연락은 오지 않았다. 공시지가 절반 가격으로는 일반매물로 나오지 않기 때문이다. 막상 현장을 돌아보면 공시지가의 절반은 너무하더라도 공시지가 수준에서 나온 물건도 별로 없다. 하지만 경매나 공매를 활용하면 공시지가의 절반 이하로 취득하는 일도 가능하다.

수도권에서 직장을 다니며 부동산 투자를 하는 '쏘울' 님은 파주의 농지를 1억 7천만 원에 낙찰받았다. 이 물건의 공시지가는 4억 원이 넘는다. 공매로 낙찰을 받았기에 가능했던 일이다. 광주에서 회사를 다니며 부동산 투자를 하는 지인 역시 부산 사하구의 농지를 3천만 원대 초반에 낙찰받았다. 이 물건의 공시지가는 7천만 원이 넘는다. 두 건 모두 공시지가의 절반 이하로 낙찰받은 경우다. 물론 모두 공시지가의 절반 이하로 취득할 수 있는 건 아니다. 일반적으로 시세 대비 80~90% 정도에서 낙찰이 가능하다.

장점 두 번째, 소액 투자가 가능하다. 토지에 투자하고자 공인중개사 사무실을 들르면 투자 가능 금액을 물어본다. 그러고는 가용자금에 맞는 토지 매물을 추천해준다. 일반적으로 1억~2억 원 정도의 가용자금을 갖고 있는 사람들이 많다. 그래서 레버리지를 활용해 2억~4억 원 매물에 많이 투자하는 편이다.

만약 가용자금이 1천만 원이라면 레버리지를 활용해서 2천 만~4천만 원 정도의 토지에 투자할 수 있을까? 공인중개사 사무실에 방문하면 이 가격대의 물건을 찾을 수 있을까? 4천만 원짜리 토지를 중개하면 최대수수료 0.9%를 계산하더라도 중개수수료가 36만 원인데, 이 돈을 받으려고 소액 물건을 열심히 소개하는 경우는 드물 것이다. 그만큼 투자 금액이 적으면 일반매매로 투자하기는 어려워진다. 1천만 원 이하로 투자할 수 있는 물건은 일반매매로는 거의 나오지 않는다.

하지만 경매나 공매로 접근하면 어떨까? 1천만 원 이하로도 토지에 투자할 수 있다. 경매나 공매에는 이런저런 사연 때문에 나온 물건들이 많고, 그중에는 소액으로 투자할 수 있는 물건들도 많다.

장점 세 번째, 물건 종류가 다양하다. 경매나 공매에는 다양한 매물이 나온다. 임야와 농지는 물론이고 공사가 중단된 건물 부지도 나온다. 멀쩡한 건물이 있는 토지도 경매나 공매로 나온다. 다양한 물건이 경매나 공매로 나오기 때문에 선택의 폭이 넓다. 그만큼 소액으로 접근하기에 매력적이다.

토지 물건의
권리분석

경매는 법원에서 진행한다. 토지를 공개 입찰에 부치고 최고 가격에 입찰한 사람에게 매각한다. 그리고 최고 가격에 입찰한 낙찰자에게 잔금을 받아 채권자들에게 배당한다. 이 과정에서 법원은 정해진 수수료를 받는다.

토지를 낙찰받은 사람은 어떨까? 토지를 낙찰받고 잔금납부 후 소유권 이전등기까지 했는데, 전 소유자의 채무관계가 그대로 등기부등본에 남아 있다면 어떨까? 생각하기도 싫다. 그런데 다행히도 이러한 상황을 걱정할 필요는 없다. 전 소유자의 금전관계로 인한 권리 등은 매각으로 인해 모두 소멸되기 때문이다. 그래서 낙찰받고 잔금납부 후 소유권을 가져올 때는 깨끗한 상태가 된다. 그럼 모든 권리관계가 매각으로 인해 말소가 될까? 그렇지는 않다. 이를 구분하기 위해서는 권리분석이 필요하다.

먼저 말소기준권리의 개념을 이해하는 것이 필요하다. 말소기준권리는 법적으로 통용되는 용어는 아니지만, 일반적으로는 경매 절차에서 매각으로 소멸되거나 낙찰자에게 인수되는 권리를 판단하는 기준이 되는 권리를 의미한다. 말소기준권리를 기준으로 이보다 앞선 권리들은 낙찰자에게 인수되고, 말소기준권리를 포함하여 그 이후에 설정된 권리들은 모두 소멸한다.

말소기준권리에는 어떤 것들이 있을까? 말소기준권리는 '돈을 달라고 하는 것'과 관련이 있는 것 중에서 시간상으로 가장 빠른 것이다. '돈을 달라고 하는 것'과 관련이 있는 것은 근저당권, 가압류와 압류, 담보가등기, 경매개시결정, 배당요구한 전세권이다. 그중 대부분은 근저당과 가압류다. 이렇게 돈을 달라고 하는 것과 관련이 있는 권리들은 해당 부동산이 경매로 낙찰된 후 매각 대금에서 돈을 받으면 그 목적을 이루게 된다. 부동산이 매각된 후에는 이러한 권리들이 더 이상 효력이 없다. 그래서 법원에서도 이러한 권리들은 매각이 되면 말소한다. 전세권을 설정하고 배당요구까지 하는 경우는 주거용 건물이 대부분이라, 토지 경매에서는 전세권을 제외한 4가지만 기억해도 된다.

한 물건을 보자. 먼저 등기부등본을 보고, 시간 순서대로 권리를 정리한다. 맨 좌측에 연번이 있고, 그다음은 접수일이다. 3번째는 권리의 종류이고, 4번째는 권리자다. 자료에서 말소기준권리 5가지 중 날짜순으로 제일 빠른 것이 무엇일까? 바로 연번 2번째인 근저당권이다.

2015년 11월 16일에 설정한 개인의 근저당권이 날짜순으로 제일

〈토지 권리분석1〉

순서	접수일	권리종류	권리자	채권금액	비고	소멸
토지등기 (채권합계금액 : 49,393,640원)						
갑(1)	1995-01-05	소유권보존	허○○			소멸
을(9)	2015-11-16	근저당권설정	양○○	38,400,000	말소기준등기	소멸
을(10)	2015-11-16	지상권설정	경○○		존속기간: 2015.11.16~2045.11.16 30년 범 위 토지의 전부	소멸
을(11)	2017-02-08	근저당권설정	경○○	3,900,000		소멸
갑(6)	2019-02-12	압류	화○○			소멸
갑(7)	2019-05-31	가압류	송○○	7,093,640	2019카단5394	소멸
갑(8)	2019-08-13	압류	국○○			소멸
갑(9)	2020-11-25	임의경매	경○○	청구금액 33,141,044	2020타경74728	소멸
갑(10)	2020-12-04	압류	국○○			소멸

빨라서 말소기준권리가 된다. 당연히 매각으로 인해 이 말소기준권리를 포함한 이후의 권리들은 모두 소멸한다. 그래서 맨 우측을 보면 '소멸'이라고 표시되어 있다. 참고로 연번 3의 지상권도 매각으로 소멸된다. 보통 토지를 담보로 대출을 받으면 지상에 건물이 없는 경우, 위와 같이 지상권을 설정한다. 은행이나 개인이 토지를 담보하기 위해 토지의 지상에도 이처럼 권리행사를 한다. 이처럼 토지를 담보로 대출을 실행하면 근저당권과 지상권이 세트로 설정된다.

다음 물건도 보자. 이 물건은 1993년 11월 6일에 홍 모 씨가 소유권을 취득했다. 2005년 10월 31일에 신용보증기금에서 가압류를 설정했고, 2020년에 농협에서 경매를 신청했다. 날짜 순서대로 연번을 적으면 187쪽 도표처럼 되고, 2005년 10월 31일의 신용보증기금의 가압류가 말소기준권리가 된다. 첫 번째 연번인 '소유권보존'은 무시해도

〈토지 권리분석2〉

토지등기	(채권합계금액 : 1,225,446,928원)					
순서	접수일	권리종류	권리자	채권금액	비고	소멸
갑(1)	1993-11-06	소유권보존	홍○○			소멸
갑(2)	2005-10-31	가압류	신○○	468,775,000	말소기준등기 2005카단13732	소멸
갑(3)	2006-02-08	가압류	국○○	189,851,920	2006카단35092	소멸
갑(5)	2006-04-04	압류	국○○			소멸
갑(6)	2006-08-08	가압류	농○○	378,009,383	2006카단1863	소멸
갑(7)	2006-08-29	압류	해○○			소멸
갑(9)	2006-09-18	가압류	화○○	71,576,025	2006카단2317	소멸
갑(11)	2007-02-16	가압류	형○○	117,234,600	2007카단799	소멸
갑(23)	2020-02-18	강제경매(6번가압류의본 압류로의 이행)	농○○	청구금액 959,296,721	2020타경582	소멸

된다. 소유권을 취득했다는 의미이지 문제가 있는 권리 변동이 아니다. 당연히 '돈을 달라고 하는 것'과도 관련이 없다. 말소기준권리는 '돈을 달라고 하는 것'과 관련 있는 5가지 권리라고 했다. 경매에 나온 토지의 대부분은 근저당이나 가압류에 의해 나온 것들이 많다. 비율로 치면 경매에 나온 토지 중 90% 이상은 근저당권이나 가압류가 말소기준권리가 된다. 그러니 권리분석을 몰라도 걱정할 필요는 없다. 전부 말소된다.

그런데 낙찰로 모든 토지의 권리가 소멸하는 것은 아니다. 권리가 남아 있는 경우도 간혹 있다. 그래서 다음 사례 같은 토지는 특별한 해결책이 없는 것이 아니라면 입찰하지 않는 게 좋다. 이 사례는 좀 특이하지만 간혹 등장하는 경우다. 그래서 이런 구조의 물건이 나오면 입찰하지 않는 게 좋다.

토지등기						
순서	접수일	권리종류	권리자	채권금액	비고	소멸
갑(1)	1989-11-06	소유권이전	최○○		매매	
갑(2)	1990-06-20	소유권이전청구권보전의 가등기	홍○○		매매예약	인수
갑(4)	2017-11-23	압류	국○○		말소기준등기	소멸
갑(6)	2021-05-11	강제경매	윤○○	청구금액 9,130,444	2021타경77346	소멸

위 도표에서 우측에 '인수'라고 적혀 있다. 이 물건은 2017년 11월 23일 '압류'가 말소기준권리가 된다. 따라서 말소기준권리를 포함한 이후의 권리는 모두 소멸한다. 하지만 말소기준권리보다 앞선 '소유권이전청구권보전의 가등기'는 낙찰로 소멸하지 않는다. 그대로 낙찰자에게 인수된다. 그래서 이 가등기에 대한 구체적인 대응 방법이 없다면 이런 물건은 입찰하지 않는 게 좋다.

구분하는 방법은 의외로 쉽다. '돈을 달라고 하는 것'과 관련 있는 권리 5개 중 하나가 날짜 순서대로 나열했을 때 제일 빠르면 그 물건은 낙찰로 모두 소멸한다. 하지만 이 5가지 권리 외의 권리가 제일 빠르면 해당 권리는 낙찰자에게 인수된다. 이런 경우는 전체 토지 물건의 10% 미만이다.

토지 물건의 권리분석은 주거용 물건보다 쉽다. 주거용 물건에는 세입자가 있을 확률이 높지만 토지는 세입자가 없다. 그래서 대항력의 유무나 배당관계를 신경 쓸 필요가 없다. 아파트에 세입자가 살고 있다면 이 세입자는 대항력이 있는지 없는지를 따져야 하고, 대항력이 있다면 전부 배당을 받는지 살펴야 한다.

추가로 낙찰자가 인수할 금액은 없는지 계산해야 한다. 하지만 토지는 세입자가 없다. 그래서 이런 번거로운 과정이 모두 생략된다. 비슷하게 주거용 물건은 최종적으로 명도를 해야 한다. 그래야 완전히 본인 물건이 된다. 명도에도 일정한 공식이 있지만 명도 그 자체는 굉장히 부담스러운 과정이다. 당사자들 사이에 협의가 되지 않으면 최종적으로는 강제집행까지 해야 한다. 역시 부담스럽다.

하지만 토지를 경매로 취득하면 명도할 일이 거의 없다. 농작물이 심어져 있다면 가을까지만 기다리면 된다. 가을에 수확을 하고 그다음부터는 낙찰자가 사용하면 된다. 나대지 상태라면 잔금납부 후 바로 활용해도 된다.

도시인이 농지를
취득할 수 있을까?

경자유전(耕者有田)은 농지에 관해 적용되는 대원칙이다. 이는 헌법에도 명시되어 있다. 농지는 농업인과 농업법인만이 소유할 수 있고, 이는 비농민의 투기적 농지소유를 방지하기 위해 우리나라 헌법과 농지법에 규정되어 있다. 우리나라는 1948년 정부수립 후 농지개혁법이 제정·시행되면서 경자유전이라는 원칙 아래, 농지는 농민에게 분배되며 그 분배의 방법, 소유의 한도, 소유권의 내용과 한계를 정했다.

헌법 제121조에서는 '경자유전 원칙'에 따라 농지의 소유 자격을 원칙적으로 농업인과 농업법인으로 제한하고 있으며 농지법 제6조(1항)에 따라 농지는 자기의 농업경영에 이용하거나 이용할 자가 아니면 이를 소유할 수 없도록 규정하고 있다. 그러나 1996년 1월 1일 개정된 농지법에 따라 도시거주인도 농지를 소유할 수 있게 되었다. 단 농업인의 범위가 1천㎡ 이상의 농지경작자로 규정되어, 최소한 1천㎡ 이상을 구입해야 한다.

또한 2003년부터는 개정된 농지법에 따라 '주말농장' 제도가 도입되었다. 따라서 도시인 등 비농업인이 농지를 주말·체험영농 등의 목적으로 취득하고자 하는 경우 세대당 1천m^2 미만 범위에서 취득할 수 있다.

이밖에도 국가나 지방자치단체가 농지를 소유하는 경우, 상속으로 농지를 취득하는 경우, 담보농지를 취득하는 경우, 학교·공공단체·농업연구기관·농업생산자단체 등이 시험지·연구지·실습지 등으로 사용하기 위해 취득한 경우, 농업진흥지역 밖의 평균경사율이 15% 이상인 농지를 소유하는 경우 등일 때도 농지를 소유할 수 있다.

농지법 제6조 1항에 규정되어 있는 '농지는 자기의 농업경영에 이용하거나 이용할 자가 아니면'에 주목해야 한다. 즉 현재 농업인인 사람은 농지를 별다른 규제 없이 취득할 수 있고, 현재는 농업인이 아니지만 농지를 취득해서 농업에 종사하려는 사람도 농지를 취득할 수 있다는 의미다. 그래서 어떤 사람들은 농지원부가 없으면, 즉 농업인이 아니면 농지를 취득할 수 없는 것으로 이해한다.

그런데 비농업인도 농지를 취득해서 농업인이 되면 가능하다. 그렇다면 부모님이 경상남도 산청에 살고 있는데 경기도의 농지를 취득할 수 있을까? 가능하다. 실제 '농지법' 제정과 함께 1996년부터 통작거리(20km) 규정이 삭제되었다. 따라서 원칙적으로 현재 농업인이거나 농업에 이용할 목적이라면 취득하려고 하는 농지와의 거리에 상관없이 농지를 구입할 수 있다. 다만 나중에 팔았을 때 내는 양도소득세 혜택이 사라진다.

우리나라는 농지법이 1996년부터 시행되었다. 농지법이 시행되기 전에는 20km가 넘으면 농지를 취득할 수 없었다. '거리가 먼데 어떻게 와서 농사를 짓겠나'라는 것이었다. 그러다가 1996년에 농지법이 시행되면서 취득할 수 있는 거리 제한이 없어졌다. 전국 어디든 일일 생활권이 가능해졌기 때문이다.

더욱이 주말농장 제도가 생기면서 세대당 1천m^2 미만의 농지는 별다른 규제 없이 도시민들도 취득할 수 있다. 주말을 이용해 채소를 심고 유실수를 기를 수 있는 농지를 제한 없이 취득할 수 있게 된 것이다. 간혹 살고 있는 곳에서 30km 이내의 농지만 취득할 수 있는 것이라 오해하는 사람들이 있다. 그런데 30km는 농지의 양도소득세를 감면해주는 조건이다. 따라서 30km는 농지 취득과 관련이 없고, 오로지 양도소득세 감면과 관련이 있다. 그리고 농지를 취득할 수 있는 거리 제한도 예전에는 20km였는데 현재는 폐지된 상태다. 즉 30km는 양도소득세 감면과 관련이 있고, 농지 취득과는 관련이 없다.

농지취득자격증명서란
무엇인가?

아파트를 사면 잔금을 치른 다음, 소유권 이전등기를 한다. 이때 등기신청서, 제1종국민주택채권매입내역, 취득세, 실거래신고서 등의 서류가 필요하다. 농지도 잔금을 지급하고 거래가 마무리되면 소유권 이전등기를 한다. 이때 농지는 아파트와 달리 필요한 서류가 하나더 있다. 바로 농지취득자격증명서다. 보통 줄여서 '농취증'이라고 말한다. 농지취득자격증명서는 농지 매수인의 농지 소유자격과 소유상한 등을 확인·심사하여 적격자에게만 농지 취득을 허용함으로써, 비농업인의 투기적 농지 소유를 방지하고 헌법상 경자유전 원칙을 실현하기 위해 도입한 제도다.

농지를 취득하려는 자는 농지소재지 시·구·읍·면에 농업경영계획서와 농지취득자격증명신청서를 작성·제출하여 영농의사와 능력을 인정받으면 거주지에 관계없이 농지취득자격증명을 발급받아 농지취득이 가능하다. 여기서 중요한 부분이 '거주지에 관계없이'라는 대목이다.

농지취득자격증명서는 농지가 소재한 읍·면사무소에 신청한다. 보통 세대원 소유의 총면적이 1천㎡ 미만까지는 주말·체험영농으로 신청해서 농업경영계획서를 작성하지는 않는다. 하지만 세대원 소유의 총면적이 1천㎡ 이상이 넘어가면 농업경영계획서를 작성해야 한다.

가령 기존의 농지가 전혀 없는 상태에서 신규로 800㎡를 취득한다면 주말농장용으로 신청하면 된다.[11] 주말농장용으로 신청했기에 농업경영계획서도 작성하지 않는다. 하지만 기존에 500㎡의 농지가 있고 이번에 추가로 800㎡를 취득하는 것이라면 농업경영계획서를 작성해야 한다. 이때 주말·체험영농으로 신청하면 안 되고 농업경영으로 신청한다. 다만 영농여건불리농지는 그 면적에 상관없이 농업경영계획서를 작성하지 않아도 된다. 처리기간도 농업경영계획서를 작성하지 않으면 2일 이내, 농업경영계획서를 작성하면 4일 정도 소요된다.

경매나 공매로 농지를 취득해도 농지취득자격증명서는 필요하다. 다만 경매와 공매는 절차가 약간 다르다. 경매는 낙찰을 받으면 일주일 이내에 법원에 농지취득자격증명서를 제출해야 한다. 그래야 매각 허가결정이 난다. 만약 일주일 이내에 농지취득자격증명서를 제출하지 않으면 입찰보증금은 몰수되며 매각 불허가 결정이 난다. 그래서 보통은 입찰 당일에 해당 기관을 방문해서 농지취득자격증명서를 신청한다.

---

11 2021년 8월 17일부터 농업진흥지역의 농지는 주말·체험영농 목적으로 취득이 제한되고 있다.

이때 주의할 것이 있다. 신청만 하고 곧바로 집으로 가면 안 된다. 그러면 이틀이나 4일 후에 농지취득자격증명서를 찾아가라는 전화가 온다. 집에서 해당 읍·면사무소의 거리가 가깝다면 별 상관이 없지만, 그 거리가 200km나 된다면 난처해진다. 그러므로 신청할 때 담당자에게 "농지취득자격증명서가 발급되면 해당 법원 경매계로 발송을 부탁합니다"라고 해야 한다. 필요하다면 우편봉투와 우표를 드리고 와도 좋다.

지금은 온라인 신청도 가능하다. 그래서 법원과 해당 읍·면사무소 간의 거리가 가깝다면 직접 가서 신청하고, 멀다면 온라인으로 신청하면 된다. 온라인으로 신청하고 며칠 뒤에 출력해서 해당 법원으로 등기 발송하면 된다.

그런데 농지를 취득하다 보면 별 문제없이 농지취득자격증명서를 발급받을 수 있는 것도 아니다. 간혹 농지의 일부가 도로로 쓰이고 있다거나 농지 위에 불법 건축물이 있다거나 농지 위에 묘지가 있다면, 담당자는 이를 문제 삼아 농지취득자격증명서 발급을 거부할 수도 있다. 이럴 때가 문제다. 일주일 이내에 경매계에 농지취득자격증명서를 제출할 수 없고, 그렇게 되면 매각 불허가 결정이 날 것이며 보증금은 몰수당하기 때문이다. 그렇다면 어떻게 해야 할까?

첫 번째는 입찰 전에 위성사진이나 현장답사를 통해 해당 농지가 앞서 본 사유에 해당하는지를 살펴야 한다. 그리고 사유에 해당된다면 담당자와 미리 통화해서 사전협의를 하는 것이 좋다. 만약 낙찰 후에 알았다면 어떻게 할까? 그때는 원상복구계획서를 제출하면 된다. 보통 원상복구계획서를 작성해서 제출하면 이를 조건으로 농지취득자격증명서를 발급해준다.

원상복구계획서를 제출한다고 했는데도 담당자가 발급을 거부하는 경우가 간혹 있다. 그때는 부산고등법원 판례를 근거로 담당자와 협의하는 것이 좋다. 농지취득자격증명서와 관련한 대법원 판례는 아직 없으므로 고등법원 판례를 참고한다.

아래 판례는 부산고등법원 '2006누1791판결문'이다. 이 판결의 핵심을 설명하기에 앞서 사건개요를 먼저 살펴보자. 부산의 역세권에 농지를 낙찰받고, 낙찰자가 농지취득자격증명서를 발급해줄 것을 신청했다. 그런데 지상에는 불법 건축물이 있고, 각종 건설자재와 생활용품이 적치되어 있었다. 이 점을 이유로 담당자는 농지취득자격증명서를 발급해주지 않았다. 법원은 다음과 같이 판결했고, 결국 낙찰자의 손을 들어주었다.

다음으로 피고가 위 토지의 불법형질변경을 이유로 농지취득자격증명의 발급을 거부할 수 있는지에 관하여 보건대, 경매 절차를 통하여 위 토지를 낙찰받기 위하여 농지취득자격증명을 발급받으려는 자는 위 토지를 낙찰받아 소유권을 취득하기 전에는 원상회복 등의 조치를 할 아무런 권원이 없으므로 그에게 형질변경된 부분의 복구를 요구한다는 것은 법률상 불가능한 것을 요구하는 것인 점, 불법적으로 형질변경된 농지에 대하여 농지취득자격증명의 발급을 거부한다면, 농지의 소유자가 농지를 금융기관에 담보로 제공한 후 농지를 불법으로 형질변경하거나 지상에 무허가건물을 짓는 경우에는 스스로 원상복구하지 않는 한 제3자가 이를 경락받지 못하므로 담보물권자는 농지를 환가할 수 없게 되는 점 등을 참작하면, 불법으로 형질변경된 위 토지에 대하여는 농작물의 재배가 가능한 토지로 원상복구된 후에 농지취득자격증명의 발급이 가능하다는 피고의 처분사유는 적법한 것이라고 할 수 없다(원고들이 위 토지를 취득한 다음 관할 관청에서 그 원상회복을 위한 행정조치를 취하는 것은 별개의 문제다).

　　보통 농지를 낙찰받고 농지취득자격증명서를 신청하면 위에 불법건축물이나 분묘가 있는 경우, 또는 농지의 일부를 도로로 사용하고 있는 경우에 담당자에 따라서 농지취득자격증명서를 발급해주지 않는 경우가 있다. 그때는 위 판례를 참고하면 매우 유용할 것이다.

　　판결 내용처럼 낙찰자는 아직 소유권 이전등기를 하지 않아 소유자가 아니다. 따라서 낙찰자에게는 원상복구를 할 수 있는 아무런 권원이 없다. 그래서 낙찰자에게 원상복구를 해야 농지취득자격증명서를 발급해준다는 것은 이해하기 힘들다. 따라서 어떤 경우라도 농지취득자격증명서는 발급되어야 한다.

　　다만 추후 잔금을 납부하고 소유권 이전등기를 한 다음에는 지상에 불법건축물이 있거나 분묘가 있거나 농지의 일부를 도로로 사용하고 있다면, 원상복구 명령이 내려질 수는 있다. 따라서 입찰 전에 농지의 현황을 잘 살피고, 현황이 농지로 사용하고 있지 않은 부분이 있다면 추후 소유권을 취득한 후 이를 복구할 계획을 미리 세우는 게 현명하다.

농지 규제가 강화된다

한때 우리나라를 떠들썩하게 만들었던 'LH 투기' 사건 이후로 농지 규제가 강화되었다. 그러니 관련 내용을 숙지하자. 다음 내용의 취지는 농업경영에 이용할 사람만 농지를 구입하라는 의미다.

▶ 2021년 8월 17일~

1. 주말·체험영농 목적의 농업진흥지역 내 농지 취득을 제한한다.

2. 투기 목적 취득 농지에 대한 강제처분 신속 절차를 신설했다.
   -기존에는 농지 처분의무고지 → 농지 처분명령 → 이행강제금 부과의 순서로 진행했다. 하지만 거짓이나 부정한 방법으로 농지취득자격증명을 발급받거나 법상 허용되지 않은 부동산업을 영위한 농업법인에게 신속한 강제처분이 되도록 1년의 처분 의무기간 없이 즉시 처분명령을 내리기로 했다.

3. 이행강제금 기준을 상향 조정했다.
   -기존에는 공시지가의 20%를 부과했으나 개정 후에는 감정가와 공시지가 중 높은 금액의 25%를 부과한다. 대부분의 농지는 공시지가보다는 감정가격이 높으므로 이행강제금 수준이 월등히 상향되는 효과가 있다.

4. 농지 불법 취득 등에 대한 벌칙이 강화된다.
   -농지 불법 취득 또는 임대차 등의 위반사실을 알고도 권유하거나 중개하는 행위는 3년 이하의 징역 또는 3천만 원 이하의 벌금이 부과된다.
   -농지법을 위반할 목적으로 거짓이나 그 밖의 부정한 방법으로 농지취득자격증명을 발급받은 자에 대한 벌금형이 5천만 원 이하에서 해당 토지의 개별 공시지가에 따른 토지가액에 해당하는 금액으로 상향된다.
   -불법 위탁경영, 임대차 등에 대한 벌칙도 강화된다. 현행 1천만 원 이하 벌금에서 2천만 원 이하 벌금으로 상향된다.
   -농업법인이 부동산업을 할 수 없게 법률에 명시 위반할 경우 5년 이하 징역에 5천만 원 이하의 벌금을 부과한다.

▶ 2022년 5월 18일~

1. 농지 취득시 농업경영계획서 의무 기재사항을 확대하고 증명서류 제출을 의무화한다.

2. 주말·체험 목적으로 농지를 취득하더라도 의무적으로 '체험영농계획서'를 제출해야 한다.

3. 1필지의 농지를 공동소유하는 인원을 최대 7인 이하 범위에서 지자체 조례로 정한다.

4. 농업법인 실태 조사를 강화한다.

▶ 2022년 8월 18일~

1. 지자체에 농지위원회를 설치하여 투기 우려지역 농지 취득시 농지위원회 심의를 의무화한다. 이런 경우 농지위원회의 판단에 따라 거리가 먼 지역의 농지를 취득하거나 투기 우려가 있는 지역의 농지 취득은 제한될 수 있다. 주의해야 하는 부분이다.

2. 농지 임대차에 대해 신고제를 시행한다.

3. 농업법인 설립에 대해 사전신고제를 시행한다.

4. 부동산업을 영위한 농업법인에 과징금을 부과한다.

농지의 취득, 유지, 처분 단계에서 전체적으로 규정이 강화되었다. 새로 농지를 구입하는 경우뿐만 아니라, 기존에 농지를 보유하고 있는 사람들도 관련 규정을 체크해야 한다.

05

용도지역,
완벽하게 이해하기

우리나라 토지의 중요한 특징은 본인 토지인데도 자기 마음대로 사용할 수 없다는 점이다. 정부에서는 국토의 효율적인 이용과 제한적인 개발 및 합법적인 보전을 위해 국토를 분류한다. 따라서 우리나라의 모든 토지는 그 용도가 정해져 있다. 이러한 사항을 '토지이용계획'이라 한다. 토지이음 사이트에서 발급한 '토지이용계획확인서'를 통해 관련 내용을 확인할 수 있다.

모든 토지는 그 정도의 차이만 있을 뿐 각자의 용도와 사용 목적이 정해져 있다. 국토를 효율적으로 이용하기 위해서는 국토를 조화롭게 운영할 필요가 있다. 즉 사람들이 많이 모여 살거나 거주 여건이 좋은 곳에는 사람들이 모여 살게 해주고, 주변에는 상가나 유흥시설을 짓게 해주면 된다. 주거시설과는 거리를 두어서 공장 등을 짓게 해서 돈을 벌도록 만들어주고, 주거지역을 둘러싸는 녹지지역을 만들어주면 도시가 쾌적해진다. 도시와 접한 곳들을 우선적으로 관리하고, 자연경관이나 보호해야 할 필요가 있는 지역은 개발을 최대한 억제한다.

우리나라의 모든 토지는 도시와 비도시지역으로 나뉜다. 도시지역은 다시 주거지역, 상업지역, 공업지역, 녹지지역으로 나뉜다. 비도시지역은 관리지역, 농림지역, 자연환경보전지역으로 나뉜다. 관리지역은 도시지역의 인구와 산업을 수용하기 위해 도시지역에 준하여 체계적으로 관리하거나 농림업의 진흥, 자연환경 또는 산림의 보전을 위하여 농림지역 또는 자연환경보전지역에 준하여 관리가 필요한 지역을 말한다. 관리지역은 도시지역과 비도시지역의 성격을 가지며 완충 역할을 한다.

농림지역은 농림업을 진흥시키고 산림을 보전하기 위해 필요한 지역으로, 농지법에서 정한 농업진흥구역과 산지관리법에서 정한 보전산지가 여기에 해당된다. 자연환경보전지역은 자연환경·수자원·해안·생태계·상수원 및 문화재의 보전과 수산자원의 보호·육성 등을 위해 필요한 지역이다. 자연환경보전지역은 투자 측면에서 보면 투자 가치가 거의 없다.

용도지역을 왜 정해두었을까? 용도지역은 어떤 의미가 있을까? 토지가 존재하는 이유는 건물을 짓기 위해서다. 모든 토지는 각자의 용도지역이 있고, 용도지역에 맞게 건축을 해야 한다. 용도지역에 따라 '건물을 얼마나 넓고 높게 지을 수 있는지'가 결정된다. 건물이 넓다는 의미는 전체 토지 중에 바닥면적이 차지하는 비율을 말한다. 흔히 건폐율

〈용도지역별 건폐율과 용적률〉

구분	용도지역	건폐율(% 이하)	용적률(%)
주거지역	제1종전용주거지역	50	50~100
	제2종전용주거지역	50	100~150
	제1종일반주거지역	60	100~200
	제2종일반주거지역	60	150~250
	제3종일반주거지역	50	200~300
	준주거지역	70	200~500
상업지역	중심상업지역	90	400~1,500
	일반상업지역	80	300~1,300
	근린상업지역	70	200~900
	유통상업지역	80	200~1,100
공업지역	전용공업지역	70	150~300
	일반공업지역	70	200~350
	준공업지역	70	200~400
녹지지역	보전녹지지역	20	50~80
	생산녹지지역	20	50~100
	자연녹지지역	20	50~100
관리지역	보전관리지역	20	50~80
	생산관리지역	20	50~80
	계획관리지역	40	50~100
농림지역		20	50~80
자연환경보전지역		20	50~80

이라고 부른다. 높게 지을 수 있다는 건 용적률을 말한다. 용도지역에 따라 건폐율과 용적률이 달라진다.

도시지역에서 건물을 가장 넓고 높게 지을 수 있는 곳은 중심상업지역이다. 비도시지역에서 건물을 가장 넓고 높게 지을 수 있는 지역이 계획관리지역이다. 건폐율이 40%이고 용적률은 50~100%까지 가능하다. 용적률은 해당 지자체에서 조례로 정하는데, 지역에 따라 용적률이 50%인 곳도 있고 100%인 곳도 있다.

만약 관리지역에 40평 정도의 단층 전원주택을 지으려고 한다면 몇 평이 필요할까? 계획관리지역은 100평, 생산관리지역이나 보전관리지역은 200평이 필요하다.

보전관리지역과 생산관리지역은 건폐율이 20%이니, 100평 토지에 20평짜리 건물을 지을 수 있다. 따라서 40평을 지으려면 200평이 필요하다는 계산이 나온다.

계획관리지역은 건폐율이 40%이니, 40평의 전원주택을 지으려면 토지 100평이 필요하다. 그래서 일반적으로 계획관리지역의 토지가 보전관리지역이나 생산관리지역의 토지보다 비싸다. 같은 면적의 건물을 지을 때 더 적은 면적의 토지만 있어도 되기 때문이다.

이처럼 우리나라의 토지는 저마다 용도지역이 정해져 있다. 용도지역에 따라 건물을 어떻게 지어야 하는지, 또는 어떤 건물을 지을 수 있는지가 정해져 있다. 따라서 이를 기억하고 있어야 한다.

06

토지 투자에
도움이 되는 사이트

사람들은 토지 투자가 어렵다고 한다. 그런데 소액으로 조금씩 투자를 하다 보면 그리 어렵지 않다. 토지 투자에 실패한 사람들은 대개가 남의 의견에 휩쓸려 토지를 매수해서 그렇다.

다음은 연합뉴스 기사(2022년 1월 11일자)를 발췌한 내용이다.

국가균형발전 프로젝트 중 최대 규모로 경북 김천~경남 거제를 연결하는 남부내륙철도 건설사업이 본격적으로 추진된다. 2027년 노선이 계획대로 개통되면 KTX로 서울에서 거제까지 2시간대에 주파할 수 있게 된다. 관광산업 활성화, 청년인재 유입 등에 따른 지역경제 발전 효과도 기대된다. 남부내륙철도는 2027년 개통을 목표로 국비 4조 8,015억 원이 투입돼 김천에서 거제까지 단선철도 177.9km를 잇는 사업이다. 남부내륙철도는 2019년에 선정된 국가균형발전 프로젝트 23개 사업 중 사업비가 최대 규모다. 서부영남 지역의 산업·관광 등 지역경제 발전을 뒷받침할 핵심적인 철도 인프라 사업이기도 하다.

거제에 고속철도가 들어온다는 뉴스다. 기사를 보고 해당 지역에 투자하고 싶다는 생각이 들 수 있다. 그렇다면 다음 절차를 진행해보자. 비단 거제뿐만이 아니라 본인이 평소에 관심을 두었거나 살고 있는 곳과 가까운 지역으로 연습해봐도 좋다.

토지 투자에 도움이 될 만한 사이트를 알아두는 것도 좋다. 여기서는 3가지 사이트를 알아보도록 한다.

탱크옥션(www.tankauction.co.kr)은 경매나 공매에 나온 부동산을 검색할 수 있는 유료 사이트다. '대법원 경매정보'에서 무료로 검색이 가능하나 사용 방법이 지극히 제한적이고 불편하다. 그래서 보통은 유료 사이트를 많이 활용한다. 탱크옥션에서는 전국의 경매와 공매 물건을 검색할 수 있다. 탱크옥션에서 거제의 토지 물건을 검색해보자.

〈토지 검색 화면〉

위와 같이 설정하면 거제의 토지 중 최저 매각가격이 1억 원 이하인 토지만 검색할 수 있다. 자금 사정에 따라 금액을 설정하고, 다른 조건을 추가해도 된다. 실제로 검색하니 2022년 1월 말 기준으로 26개의 토지가 검색되었다. 이 중 하나를 선택해서 살펴보자.

〈토지 검색 화면〉

위 물건은 거제시 연초면에 소재한 토지로 면적이 약 180평이다. 주택부지로 사용하면 괜찮아 보인다. 감정가는 약 2억 5천만 원인데, 최저가가 약 8,700만 원이다. 최저 입찰가격이 감정가 대비 34%다. 수치상으로만 봐도 저렴하다.

토지이음에서는 토지이용규제확인서를 확인할 수 있다. 토지 투자의 시작은 '토지이용규제확인서'를 알아보는 것에서 출발하는데, 토지이음에서 그 내용을 확인할 수 있다.

이 토지는 제1종일반주거지역, 가축사육제한구역으로 지정되어 있

〈토지이용계획확인서〉

소재지	경상남도 거제시 연초면 연사리 □ _■번지		
지목	전 ❓	면적	613 ㎡
개별공시지가(㎡당)	209,800원 (2021/01) **연도별보기**		
지역지구등 지정여부	「국토의 계획 및 이용에 관한 법률」에 따른 지역·지구등	제1종일반주거지역	
	다른 법령 등에 따른 지역·지구등	가축사육제한구역(모든축종 제한)<가축분뇨의 관리 및 이용에 관한 법률>	
「토지이용규제 기본법 시행령」 제9조 제4항 각 호에 해당되는 사항			

다. 거제시의 제1종일반주거지역에서는 단독주택이나 4층 이하의 공동주택과 제1종 근린생활시설이나 단란주점과 안마시술소를 제외한 제2종 근린시설을 지을 수 있다.

건축에 관한 사항 역시 토지이음에서 확인할 수 있다. 하단부의 관련 규정을 확인하면 된다. 이 토지에서는 모든 종류의 가축사육이 제한된다. 공시지가는 2021년 1월 기준으로 m²당 20만 9,800원이다. 평당 69만 원 정도이다.

토지이음에서 공시지가의 추이도 살펴볼 수 있다. 이전에는 해당 연도의 공시지가만 제공되었는데, 몇 년 전부터는 과거 전체의 공시지가를 확인할 수 있다. 대부분의 토지는 1990년부터 자료가 제공된다. 이 데이터를 기반으로 공시지가 추이를 나타내는 차트도 만들 수 있다. 그래서 앞으로 얼마나 상승할지 예상해볼 수 있다.

이 물건을 확인해보면 1994년부터 자료가 제공된다. 1994년 공시

기준	개별 공시지가
2021년	20만 9,800원
2011년	7민 4,100원
1994년	2,200원

지가는 m^2당 2,200원이었고, 2021년 공시지가는 m^2당 20만 9,800원이다. 30년 사이에 95배 정도 올랐다. 최근 10년을 보더라도 2011년 7만 4,100원에서 2021년 20만 9,800원으로, 2.8배 올랐다. 역시 많이 올랐다.

앞으로 특별한 이슈가 없다면 향후 10년 동안에도 2배 이상 상승할 것이라 본다. 토지의 공시지가만으로 미래 시세를 예측하는 데 한계는 있지만, 그렇다고 하더라도 앞서 살펴본 대략적 추정가설을 적용하면 굉장히 직관적이다. 그리고 하나의 기준으로 삼을 수 있다는 점에서 의미 있다.

디스코(www.disco.re)는 실거래 정보를 지도에 표시해주는 서비스를 한다. 국토교통부 사이트에서도 토지 실거래가를 볼 수 있으나 지번이 공개되지 않아서 조금 불편하다. 그런데 디스코에서는 지번이 표시되어서 가독성이 뛰어나다. 밸류맵(www.valueupmap.com)도 이와 비슷한 서비스를 제공한다. 또한 부동산플래닛(www.bdsplanet.com)도 같은 서비스를 제공한다. 부동산플래닛에서는 해당 지역의 노후도를 한눈에 볼 수 있어서 재개발 투자 등에 용이하며, '토지이용계획원'이라는 메뉴를

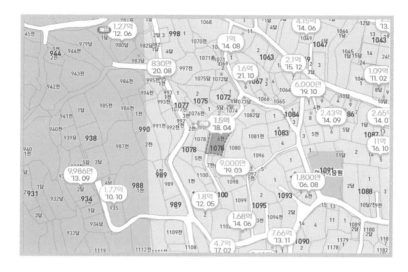

통해 토지이음 사이트의 토지이용계획확인서를 한번에 확인할 수 있
다. 매우 유용한 기능이다.

해당 번지를 검색하면 파란색 점선으로 표시된다. 주변의 실거래 정
보도 지도에 표시된다. 지도에서 색깔이 동일한 곳은 용도지역이 같은
곳이라는 뜻이다. 그러니 근거리의 실거래 정보가 매우 유용하다.

거래사례를 볼 때는 '최근 거래순'으로 보는 것이 좋다. 그다음에는
'용도지역이 같은 곳'을 보는 것이 좋다. 전체적으로는 도로에 접한 형
태나 토지 모양이 비슷한 토지를 찾아보는 것이 도움이 된다. 만약 같
은 용도지역 내에서 거래사례가 없다면 인근의 거래사례를 참고해보
자. 이때는 공시지가를 기준으로 해서 거래가격을 환산하면 된다.

가령 알고 싶은 필지가 제1종일반주거지역인데 해당 용도지역에는

거래사례가 없고, 인근의 자연녹지지역의 비슷한 땅 모양의 사례가 있을 수 있다. 내용을 살펴보니 자연녹지지역의 토지는 공시지가가 평당 10만 원인데 거래는 평당 25만 원임을 확인했다. 공시지가의 2.5배에 거래된 셈이다. 이를 응용하면 된다.

마찬가지로 평소 궁금했던 토지의 공시지가를 확인했더니 평당 15만 원이었다. 이때는 공시지가의 약 2.5배를 곱한다. 그러면 이 토지는 37만 5천 원 정도의 시세를 형성할 확률이 높다. 그다음 현재 경매진행 중인 최저가가 싼지 비싼지를 판단하면 된다. 앞서 제시한 3개의 사이트와 네이버 지도만 잘 활용해도 토지 투자의 80%를 해결할 수 있다.

이러한 절차로 거제시 연초면 토지를 살펴보면 어떻게 될까? 이 토지의 최저 매각금액은 평당 47만 원 수준이다(185평/8,700만 원). 그리고 공시지가는 평당 69만 원이다. 제1종일반주거지역에 도로를 접하고, 인근의 동일한 용도지역에 있는 토지가 평당 110만 원 정도에 매물로 나와 있는 것을 감안하면, 이 토지의 최저 매각가격은 저렴해 보인다.

토지 분석방법
3단계

토지를 분석하는 일은 결혼하는 과정과 비슷하다. 결혼으로 가는 과정은 보통 3단계를 거친다. 첫 번째, 상대방의 외모에 호감이 있어야 한다. 그래야 다음 진도를 나갈 수 있다. 키, 성격, 말투 등이 여기에 포함된다. 두 번째, 상대방의 직업과 신용이 괜찮아야 한다. 결혼은 현실이다. 그런 만큼 생계를 생각하지 않을 수 없다. 그래서 어떤 일을 하는지가 대단히 중요하다. 물론 직업에 귀천은 없지만 상대방도 동의하는게 중요하다. 신용은 서류를 나타낸다. 서류상 하자가 없어야 한다. 신용, 건강 등이 여기에 해당한다. 세 번째, 미래가치가 있어야 한다. 배우자가 미래지향적이고 발전가능성이 있는지가 중요하다.

　토지를 선택하는 일도 이와 비슷하다. 토지의 외모는 현황을 나타낸다. 현황이 주 사용목적에 맞는지는 굉장히 중요하다. 전원주택을 지을 부지를 찾을 때는 주거환경에 적합한지, 카페를 할 토지는 카페의 목적에 맞는지를 살핀다. 만약 전원주택을 지으려는데 주변에 축사가 있거나 송전선이 있다면 절대 좋은 토지가 아니다. 또 진입로가 좁아서 차량 진입이 어려워도 좋은 토지가 아니다.

다음은 서류를 살핀다. 전원주택을 지으려는데 해당 토지에 주택허가가 나지 않는다면 낭패다. 이때는 토지이용계획확인서를 살펴서 주택허가가 가능한지, 다른 제약은 없는지를 살펴야 한다. 카페도 비슷하다. 카페는 분류상 휴게음식점에 속한다. 그러므로 해당 토지에서 휴게음식점 영업이 가능한지를 살펴야 한다. 이는 서류를 통해 모두 확인할 수 있다.

토지의 미래가치는 지가 상승 여력을 의미한다. 해당 토지의 시세가 얼마나 오를지 확인하는 과정이다. 내가 주로 사용하는 방법은 과거 30년 동안의 공시지가 상승률을 보는 것이다. 나는 보통 10배 이상 오른 지역들을 선호한다. 이런 지역들은 앞으로도 같은 비율로 오를 확률이 높기 때문이다.

나는 요즘 제주도에 관심이 많다. '제주도에 세컨드하우스가 있으면 좋겠다'라는 생각을 자주 한다. 그래서 나름의 조건을 세워보았다.

· 공시가격 1억 원 이하일 것(그래야 다주택자도 구입이 가능함)
· 대지 50평 정도의 단독주택일 것(아파트, 빌라, 타운하우스는 배제함)
· 제주시에서 편도 30분 이내일 것(거리가 너무 멀면 공항 다니기가 힘듦)
· 주차가 용이할 것

조건에 적합한 지역을 찾아보면 서쪽으로는 애월까지가 1순위이고, 동쪽으로는 월정리까지가 2순위다. 3순위는 서쪽으로 대정까지다. 제주도의 토지는 제주시가 가장 비싸고, 제주시에서 멀어질수록 싸다. 대정보다 애월이 제주시에 더 가까우므로 애월의 땅값이 더 비싸다.

이렇게 해서 물건을 하나 찾았다. 일단 도로를 접하고 있고, 대지는 50~60평 정도로 원하던 크기다. 주택은 손을 보면 사용에 문제가 없어 보이고, 마당도 있어서 정원으로 꾸미면 될 것 같다. 주차는 도로변에 공간이 많으므로 그곳에 하면 된다. 위치도 애월에서 하귀 사이라서 거주하지 않은 기간에는 한 달 살기나 연세로 돌리기에 좋아 보인다. 애월 산책로가 지척이고 옥상에서는 바다 조망이 가능하다. 이외에도 주변에 축사가 있는지, 송전선이 지나가는지, 항공로여서 비행기가 자주 다니는지 등을 검토했고, 모두 괜찮았다. 일단 1단계는 합격이다.

그다음은 직업을 살펴본다. 부동산에서 말하는 직업은 토지이용계획확인서를 살피는 일이다. 토지이음 사이트에서 간단히 확인할 수 있다.

이 토지는 제1종일반주거지역이다. 건폐율 60%, 용적률 200%까지

〈토지이용계획확인서〉

지역지구등 지정여부	「국토의 계획 및 이용에 관한 법률」에 따른 지역·지구등	제1종일반주거지역 , 고도지구(15M이하)
	다른 법령 등에 따른 지역·지구등	가축사육제한구역(전부제한구역)<가축분뇨의 관리 및 이용에 관한 법률>, 상대보호구역<교육환경 보호에 관한 법률>
「토지이용규제 기본법 시행령」 제9조 제4항 각 호에 해당되는 사항		

건물을 올릴 수 있다. 고도지구로 지정되어 있으므로 이 토지에서는 건물 높이를 15m 이하로 해야 한다. 이 토지에는 단독주택이 있기 때문에 지금은 그대로 사용되고, 추후에 신축하면 된다.

가축사육제한구역은 대부분 지역 조례로 정한다. 지역마다 조금씩 다르긴 하지만, 도시지역의 주거지역에서 가축사육을 제한하는 것은 공통이다. 이 토지 역시 도시지역의 주거지역이므로 모든 종류의 가축사육이 제한된다. 상대보호구역은 학교 경계선으로부터 200m까지 학생들에게 유해한 시설을 금지하는 규정이다. 따라서 주택으로 사용하는 데 전혀 지장이 없다.

서류를 살펴보니 고도지구와 상대보호구역으로 지정되어 있기는 하지만, 해당 토지를 세컨드하우스로 사용하는 데는 문제가 없다. 토지이용계획확인서를 살피고 추가적으로 등기부등본을 살펴보았다. 부동산 등기부등본을 확인해보니 너무나 깨끗했다. 등기부등본을 볼 때는 가압류, 가등기, 가처분, 근저당 등이 설정되어 있는지를 확인하면 된다.

마지막으로 미래가치를 따져본다. 이 토지는 2013년부터 공시지가 자료가 제공된다. 2013년 공시지가는 m^2당 6만 700원이었고, 2021년 공시지가는 28만 5,500원이었다. 8년 동안 4.7배 올랐다. 그렇다면 향후 8년 동안에도 이와 비슷한 비율로 오른다고 가정했을 때, 미래가치는 높다고 볼 수 있다. 이처럼 3단계로 구분해서 토지를 살펴보면 생각보다 쉽게 토지의 가치를 판단할 수 있다.

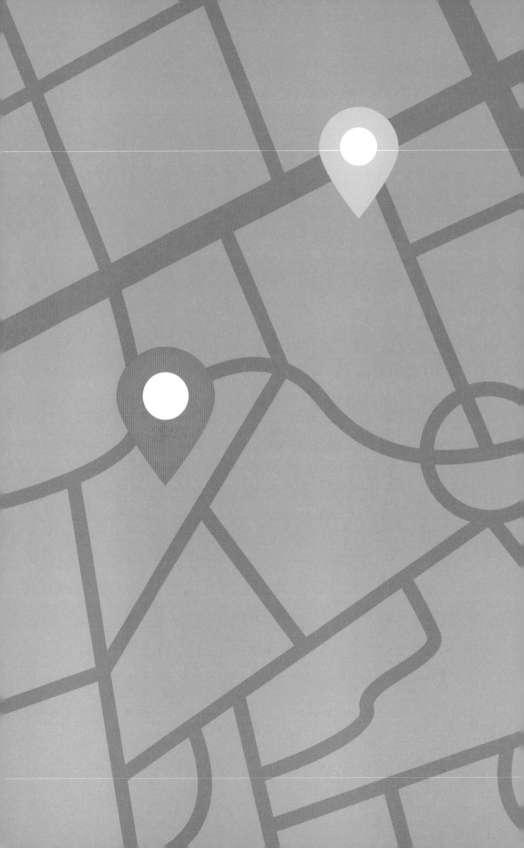

PART6

농지연금에
대한
모든 것

01

노후 대비는
반드시 해야 한다

누구나 '노후를 어떻게 보낼지' 생각해봤을 것이다. 대다수의 사람들은 상가나 다가구, 다세대주택 등을 통한 월세 수입을 생각한다. 그런데 상가 투자 한 번 해본 적 없고, 원룸 한 번 거래해본 적 없다면 노년에 투자하기가 두렵기도 하다. 그래서 신규 분양 상가에 투자한다.

문제는 택지지구에서 분양하는 상가는 비싸다는 것이다. 택지지구에서 상업용지가 차지하는 비율은 7%가 적당하다. 그런데 상업용지가 토지 중에서는 가장 비싸고 상가 분양가도 제일 비싸서 상업용지 비율을 높이고 있다. 심하게는 12%까지 올리는 곳도 있다.

상가 분양을 받더라도 장기간 공실로 이어질 수 있어서 위험하다. 적정 비율보다 훨씬 많은 상가를 지었기 때문이다. 그럼에도 대다수는 분양상담사가 말하는 수익률에 속아서 쉽게 계약하고 만다.

그렇다면 어떻게 하면 좋을까? 월세보다는 연금에 초점을 맞추는 것이 좋다. 월세는 밀릴 수도 있지만, 연금은 밀리지 않는다. 월세는 공실이 있지만, 연금은 공실이 없다. 월세는 임차인이 주지만, 연금은 나라에서 준다. 임차인은 이것저것 고쳐달라고 전화하지만, 나라는 전화하지 않는다. 그만큼 연금에, 그중에서 농지연금에 관심을 가져보자.

농지연금은 농지를 담보로 매월 생활비를 받는 대출 상품이다. 농지연금을 수령하기 위해서는 일정한 자격이 필요하다. 영농경력이 5년 이상 되어야 하고 나이는 만 60세[12] 이상이어야 한다. 조건이 있기에 누구나 농지연금에 가입할 수는 없다. 그런데 오히려 더 좋다. 제한경쟁이기 때문이다.

현재는 자격 조건이 안 되더라도 55세부터 자격을 갖추면 된다. 그리고 60세에 농지연금에 가입하면 된다. 농지로 연금을 받는 전략은 이렇다. 기존 농지는 손대지 않는다. 특히 시골에 거주하는 분들일수록 기존 농지를 담보로 연금받는 일을 부정적으로 생각하는 편이다. 그래서 기존 농지는 손대지 않기로 한다. 자격을 갖춘 후에 경매나 공매를 통해 농지연금에 적합한 농지를 낙찰받는다. 주로 공시지가 대비 저렴한 물건이나 감정가 대비 많이 유찰된 물건들이 적당하다. 낙찰받은 물건으로 농지연금에 가입하자. 그럼 끝난다.

대출 없는 상가 수익률과 비교해봐도 농지연금 수익률이 더 높을 것이다. 수도권에 소재한 상가의 수익률은 약 4%다. 2%대의 수익률이

---

12 〈한국농어촌공사 및 농지관리기금법 시행령〉이 2022년 2월 18일부터 시행되면서 가입 연령이 기존 만 65세에서 만 60세로 낮춰졌다.

나오는 상가도 있다. 그런데 농지연금 수익률은 경우에 따라 20%를 넘기도 한다. 일반적으로는 13% 전후의 수익률이 나온다. 이는 종신형을 선택했을 때 이야기다. 기간형이나 일시인출형으로 선택한다면 그보다 더 높은 수익률도 가능하다.

농지연금에 가입한 농지는 자경이나 임대가 가능하다. 따라서 부수입도 올릴 수 있다. 농지연금에 가입하더라도 그 농지를 본인이 사용할 수 있다. 그래서 해당 농지에 자경을 하든지 임대를 하든지 선택하면 된다.

절세도 가능하다. 농지연금에 가입된 농지는 공시지가 6억 원까지는 재산세가 감면된다. 기초연금도 계속 받을 수 있다. 공시지가 1억 원인 토지가 추가로 생길 경우, 기초연금 산정에 필요한 월 소득인정액이 13만 원 정도 증가하는 효과가 있어서 기존 소득이나 재산이 많지 않은 경우라면 기초연금도 기존대로 받을 수 있다. 경영이양형 상품과 공시지가의 30%를 일시에 인출할 수 있는 수시인출형 상품을 활용해 선택의 폭을 넓힐 수도 있다.

2021년 10월 통계청이 발표한 '2021 고령자통계'를 보자. 2021년 기준 우리나라 65세 이상 인구는 전체 인구의 16.5%인 853만 7천 명이다. 유엔(UN)은 65세 인구가 전체 인구에서 차지하는 비율이 7%를 넘으면 '고령화사회', 14%를 넘으면 '고령사회', 20%를 넘으면 '초고령사회'라고 구분했다. 우리나라는 이미 2017년에 고령사회로 진입했다.

우리나라 66세 이상 은퇴연령층의 중위소득 50% 이하인 상대적 빈곤율은 2019년 기준으로 OECD 국가 중 1위(43.2%)다. 라트비아 39%, 에스토니아 37.6%, 멕시코 26.6%보다 높은 비율이다. 노후의 안정적인 생활이 불가능해서 그렇다. 따라서 노후를 좀 더 안정적으로 보내려면 농지연금을 활용해보자.

02

제한경쟁이라서
더 좋다

농지연금은 만 60세 이상, 영농경력 5년 이상인 농업인에게 농지를 담보로 매월 생활비를 지급하는 금융상품이다. 따라서 나이와 영농경력을 갖추어야 한다. 나이는 신청연도 말일 기준으로 가입자인 농업인이 만 60세 이상이면 된다. 2022년 기준으로 보면, 1962년 12월 31일 이전 출생자이면 된다.

민법에서는 본인의 생일이 지나야 한 살이 늘어나지만 농지연금에서는 매년 말일을 기준으로 나이를 계산하기 때문에 출생일이 지날 필요가 없다. 가령 오늘이 2022년 5월 5일이라고 하자. 아버지 출생일이 1962년 12월 10일이라면 아직 생일이 지나지 않았기 때문에 만 59세다. 민법에서는 그렇게 계산한다.

반면에 농지연금에서는 매년 말일인 12월 31일을 기준으로 한다. 때문에 아직 생일이 지나지 않았어도 생일이 지난 것으로 본다. 따라서

1962년 12월 31일 이전에 태어났다면 생일이 지나지 않았어도 나이 요건에 부합한다.

배우자의 나이도 중요하다. 배우자가 만 60세 미만일 경우라면 비승계로 가입이 가능하다. 농지연금 신청 당시, 배우자가 만 60세 미만인 경우 가입자 사망 후 배우자에게 연금을 승계하지 않는 것을 '비승계'라고 한다. 반대로 농지연금 신청 당시 배우자가 만 60세가 넘으면 승계형으로 가입이 가능하다.

승계형은 아버지께서 농지연금을 매월 받다가 종신 상태가 되면 아버지가 받고 있던 그대로 어머니가 승계한다. 그리고 어머니가 살아계시는 동안 계속해서 받는 상품이다. 이때 농지연금 수령액은 나이가 더 적은 사람을 기준으로 산정한다. 배우자는 농업인 본인과 법률혼 관계에 있는 배우자를 말한다. 사실혼은 안 된다.

또 다른 자격이 필요하다. 바로 신청인의 영농경력이 5년 이상이어야 한다. 영농경력은 농지연금 신청일 기준으로부터 과거 5년 이상 영농경력 조건을 갖추어야 한다. 영농경력은 신청일 직전 연속적일 필요는 없고, 전체 영농기간 중 합산해서 5년 이상이면 된다. 이것도 중요한 사항이다. 55세부터 60세까지 연속해서 5년일 필요는 없고, 40세에서 42세까지 2년을 영농에 종사하고, 다시 55세부터 58세까지 영농에 종사했으면 조건이 된다. 이렇게 해도 전체 영농경력이 5년이다.

농지연금에 가입할 수 있는 농지는 어떤 것들일까? 다음의 내용을 살펴보자.

1. '농지법'상의 농지 중 공부상 지목이 전·답·과수원으로서 사업대상자가 소유하고 있고 실제 영농에 이용되고 있는 농지

2. 사업대상자가 2년 이상 보유한 농지
   -상속받은 농지는 피상속인의 보유기간 포함

3. 사업대상자의 주소지(주민등록상 주소지 기준)를 담보농지가 소재하는 시·군·구 및 그와 연접한 시·군·구 내에 두거나, 주소지와 담보농지까지의 직선거리가 30km 이내의 지역에 위치하고 있는 농지
   *2와 3의 요건은 2020년 1월 1일 이후 신규 취득한 농지부터 적용함

4. 경영이양형의 경우에는 농업진흥지역 내 농지로서 공사가 맞춤형농지지원사업으로 매입할 수 있는 농지
   -맞춤형농지지원사업: 공사법 제24조의 2 제2항에 따른 농지시장 안정과 농업구조 개선을 위한 농지 매입사업
   -공부상 지목이 전·답·과수원이 아닌 농지는 지목변경 후 신청 가능

'농지법'상의 농지 중 공부상 지목이 전·답·과수원으로서 사업대상자가 소유하고 있고, 실제 영농에 이용되고 있는 농지여야 한다. 이는 매우 중요하다. 지목이 농지여야 하고 현황이 농지여야 가능하다. 농지는 지목이 전·답·과수원인 토지를 말하니, 이 중 하나면 된다. 현황이 농지가 아닌 토지는 농지로 복구 후 가입하면 된다. 공부상 지목이 전·답·과수원이 아닌 농지는 지목을 변경한 후 신청하면 된다.

한 가지 주의할 점이 있다. 2019년 11월에 농지연금에 관한 규정이

일부 개정되었다. 보유기간과 거리제한이 신설되었다. 그전까지는 농지연금 신청자격이 이미 된 상태라면 새로운 농지를 취득해서 바로 농지연금에 가입할 수 있었다. 그런데 바뀐 규정에서는 2년을 보유한 토지만 농지연금에 가입할 수 있다. 2년을 자경한 농지가 아니라 2년간 보유만 하면 가능하다.

그리고 개정 전에는 거리제한이 없었으나 개정 후에는 거리제한이 생겼다. 농지가 소재한 시·군·구에 거주하거나 연접한 시·군·구에 거주하거나, 직선거리 30km 이내에 거주해야 한다. 그렇지 않으면 농지연금 신청이 불가능하다.

농지연금을 신청할 수 없는 농지도 있다. 자세한 내용을 살펴보자. 가압류, 근저당, 가등기 등의 제한물권이 설정되어 있는 농지는 농지연

- 가압류, 제한물권 등이 설정되어 있는 농지
  - 해당 농지에 압류, 가압류, 가처분, 가등기 등 소유권 이외의 권리가 설정되어 있는 경우
  - 해당 농지에 저당권, 지상권 등 제한물권이 설정되어 있는 경우[다만 해당 농지에 제한물권(선순위채권)이 이미 설정되어 있는 경우 그 채권액[1]이 담보농지 가격[2]의 15/100 미만인 경우에는 담보 가능]

---

1) 채권액: 해당 담보농지에 설정된 채권최고액을 기준으로 함
2) 담보농지 가격: 가입(약정체결) 당시 농지가격으로 공시지가, 감정평가방식 모두 평가율 100% 적용하며 필지별 적용

* 단 국가기간시설로 인한 지상권·지역권이 설정되어 있으나 영농에 별다른 지장이 없는 경우에는 담보 가능

• 농업용 목적이 아닌 시설 및 불법건축물 등이 설치되어 있는 농지
  * 분묘, 농가주택 등이 있는 농지는 해당면적을 제외하고 농지면적 산정

• 2인 이상이 공동으로 소유하고 있는 농지
  * 다만 부부가 공동으로 소유하고 있는 농지는 전체 또는 각자 지분으로 신청 가능

• 농지연금 신청 당시 각종 개발지역(구역)으로 지정 및 시행(인가) 고시되어 개발계획이 확정된 지역(구역)의 농지

• 각종 개발계획의 시행이 확정되지 않은 예정지역의 농지는 지원대상 농지에 포함시키되 연금수급기간 중 농지연금 지급정지 및 채권회수가 될 수 있음을 사전 고지

• 2020년 1월 1일 이후 경매 및 공매(경매·공매 후 매매 및 증여 포함)를 원인으로 취득한 농지
  * 다만 농지연금 신청일 현재, 신청인의 담보농지 보유기간이 2년 이상이면서 '담보농지가 소재하는 시·군·구 및 그와 연접한 시·군·구 또는 담보농지까지 직선거리 30km' 내에 신청인이 거주(주민등록상 주소지 기준)하는 경우 담보 가능

금을 신청할 수 없다. 농지연금을 신청하면 한국농어촌공사에서 선순위로 근저당을 설정한다. 그래서 농지에 제한물권이 있으면 안 된다.

즉 깨끗한 상태의 농지만 가입할 수 있다.

하지만 예외적인 상황도 있다. 국가기간시설로 지상권·지역권이 설정되어 있으나 영농에 별다른 지장이 없는 경우에는 가능하다. 경매나 공매로 농지연금에 가입 가능한 물건을 찾다 보면, 지상에 송전선이 지나가는 경우가 있다. 송전선이 지나가는 토지에는 구분지상권이 설정되어 있고, 이 구분지상권은 낙찰로 인해 말소되지 않는다. 그래서 규정대로라면 이런 농지는 농지연금에 가입할 수 없지만, 송전선이 국가기간시설이니 예외로 봐서 가입이 가능하다. 그러므로 농지연금에 가입할 목적이라면 송전선이 지나가는 농지를 눈여겨봐도 괜찮다. 송전선이 지나가면 주변 시세보다 조금 저렴하게 낙찰받을 수 있기 때문이다.

농업용 목적이 아닌 시설 및 불법건축물 등이 설치되어 있는 농지 역시 농지연금 가입이 안 된다. 만약 지상에 분묘나 농가주택 등이 있다면 해당면적을 제외하고 농지면적을 산정한다. 다만 농지에 분묘가 차지하는 면적이 과도하게 크다면 농지연금 가입 자체가 거부될 수도 있다.

2인 이상이 공동으로 소유하고 있는 농지는 농지연금 가입이 불가하다. 부부가 아닌 사람끼리 공동소유하고 있는 농지는 가입이 안 된다. 다만 부부가 공동으로 소유하고 있는 농지는 전체 또는 각자 지분으로 신청이 가능하다.

농지연금 신청 당시, 각종 개발지역(구역)으로 지정 및 시행(인가) 고시되어 개발계획이 확정된 지역(구역)의 농지도 신청이 불가하다. 다만 각종 개발계획의 시행이 확정되지 않은 예정 지역의 농지는 지원대상 농지에 포함시키되, 연금 수급기간 중 농지연금 지급정지 및 채권회수가 될 수 있음을 사전고지하게 된다. 즉 개발계획이 수립되어 있다면 일단 신청이 가능하고, 추후 확정이 돼서 개발이 시작된다면 그때 정산한다.

담보농지의 가격은 '부동산가격 공시에 관한 법률'에 따른 ①개별공시지가 또는 '감정평가 및 감정평가사에 관한 법률'에 따른 ②감정평가 가격에 평가율과 농지면적을 곱하여 산출한다.

공시지가가 2억 원인 농지를 감정평가해서 3억 원이 나왔다고 치면, 공시지가의 100%인 2억 원과 감정가격 3억 원의 90%인 2억 7천만 원 중 높은 금액인 2억 7천만 원에 대해서 농지연금을 받게 된다. 이때 담보농지 가격평가는 필지별로 산정하되 산출가액의 10원 미만은 절사한다.

또한 과수목과 농업용시설인 고정식 온실, 버섯재배사, 비닐하우스, 축사 등에 대해서는 농지가격 평가대상에서 제외한다. 신청인 및 배우자의 연령은 신분증으로 확인한다. 여기에 영농경력 5년 이상 여부는 농지원부 또는 농업경영체등록확인서로 확인한다. 농지원부 또는 농업경영체등록확인서로 영농경력 확인이 곤란한 경우는 농지소재지의 이장이나 통장의 '영농경력사실확인서'나 쌀소득등보전직불금 지급자료 등으로 확인한다. 이 4가지를 모두 만족해야 하는 것은 아니고, 이 중 하나만 확인되면 괜찮다.

2020년 1월 1일 이후 경매 및 공매(경매·공매 후 매매 및 증여 포함)로 취득한 농지는 농지연금 신청일 현재, 신청인의 담보농지 보유기간이 2년 이상이면서 '담보농지가 소재하는 시·군·구 및 그와 연접한 시·군·구 또는 담보농지까지 직선거리 30km' 내에 신청인이 거주(주민등록상 주소지 기준)하는 경우에는 농지연금에 가입이 가능하다.

농지원부란 무엇일까? 농지원부는 농지의 소유 및 이용실태를 파악해서 이를 효율적으로 이용·관리하기 위해 구·읍·면(동)장이 작성하여

〈농업인의 범위〉

제3조(농업인의 범위) 농지법 제2조 제2호에서 '대통령령으로 정하는 자'란 다음 각 호의 어느 하나에 해당하는 자를 말한다(개정 2008년 2월 29일, 2009년 11월 26일, 2013년 3월 23일).

1. 1천m² 이상의 농지에서 농작물 또는 다년생식물을 경작 또는 재배하거나 1년 중 90일 이상 농업에 종사하는 자

2. 농지에 330m² 이상의 고정식 온실·버섯재배사·비닐하우스, 그 밖의 농림축산식품부령으로 정하는 농업생산에 필요한 시설을 설치하여 농작물 또는 다년생식물을 경작 또는 재배하는 자

3. 대가축 2두, 중가축 10두, 소가축 100두, 가금 1천 수 또는 꿀벌 10군 이상을 사육하거나 1년 중 120일 이상 축산업에 종사하는 자

4. 농업경영을 통한 농산물의 연간 판매액이 120만 원 이상인 자

〈농업인의 기준〉

제3조(농업인의 기준) ① 법 제3조 제2호에서 '대통령령으로 정하는 기준에 해당하는 자'란 다음 각 호의 어느 하나에 해당하는 사람을 말한다(개정 2009년 12월 15일, 2015년 12월 22일).

1. 1천m^2 이상의 농지를 경영하거나 경작하는 사람

2. 농업경영을 통한 농산물의 연간 판매액이 120만 원 이상인 사람

3. 1년 중 90일 이상 농업에 종사하는 사람

4. '농어업경영체 육성 및 지원에 관한 법률' 제16조 제1항에 따라 설립된 영농조합법인의 농산물 출하·유통·가공·수출활동에 1년 이상 계속하여 고용된 사람

5. '농어업경영체 육성 및 지원에 관한 법률' 제19조 제1항에 따라 설립된 농업회사법인의 농산물 유통·가공·판매활동에 1년 이상 계속하여 고용된 사람

비치하는 공부로서, 세대별로 작성한다. 농지원부는 농지를 신규 소유하거나 임차가 확인되는 시점에 바로 작성하고, 경작상황은 향후 확인되는 즉시 갱신한다. 농지원부를 만들려면 농지법에서 정한 자격 중 하나가 되어야 한다.

농지원부 제도는 2022년 4월 15일에 농지대장으로 개편되었다. 기존 세대단위로 작성하던 농지원부와 달리 토지대장 등 기타 서류와 같이 필지별로 작성하며, 작성 대상도 현행 1천m^2 이상 농지 면적제한이

폐지된다. 직권으로 작성하던 농지원부와 달리 농업인의 신고의무제로 변경되어 임대차 계약이 발생하거나 변경되면 농지 소유자가 60일 이내에 농지소재지 관할행정청에 변경 신청을 해야 한다.

농업경영체 등록은 '농어업경영체 육성 및 지원에 관한 법률'에 의거하여 '농업·농촌 및 식품산업기본법'에서 정의한 농업인이면 가입 가능하다.

03

농지연금
투자 사례 ❶

'노을' 님의 부모님은 고향에서 농업에 종사하신다. 농지연금 가입에 필요한 영농경력 5년을 이미 갖춘 상태다. 노을 님은 부모님께 농지연금을 선물하기로 했다. 그래서 농지연금에 가입하기 적합한 물건을 검색하기 시작했다.

그러고는 경기도 북부의 농지를 약 1억 6천만 원에 낙찰받았다. 아파트 단지와 주변 임야 사이에 소재한 농지로, 마을 사람들이 텃밭으로 사용하고 있는 농지였다. 도로에는 접하지 않는 맹지였지만, 지목이 '전'으로 농지연금에 가입하는 데 문제가 없었다. 노을 님이 낙찰받은 농지의 공시지가는 무려 5억 원이 넘었다. 그는 이 농지를 일시인출형 상품으로 가입했다.

일시인출형 상품은 공시지가의 30% 정도를 가입시점에 일시에 수령하고, 나머지 가치에 대해 매월 정해진 금액을 수령하는 상품이다.

〈예상 농지연금 조회 결과〉

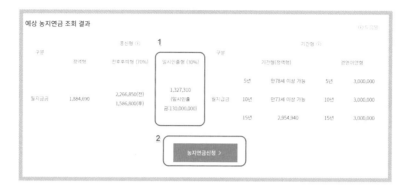

노을 님의 부모님은 가입 당시 만 68세, 만 64세였다. 나이가 적은 분
이 만 64세여서 승계형 상품으로 가입했다.

승계형 상품은 아버지가 농지연금을 수령하다가 종신 상태가 되면,
어머니가 그대로 승계해서 매월 수령하는 상품을 말한다. 이렇게 승계
형 상품으로 가입하자 일시에 1억 3천만 원을 수령할 수 있었다. 그리
고 잔여가치에 대해 매월 132만 원 정도를 수령한다. 농지연금은 농지
의 가치를 신청인이 100세까지 생존할 것으로 가정하고, 이를 분산하
여 지급한다. 그래서 같은 농지라도 65세에 신청하는 것보다 70세에
신청하는 경우가 월 수령액이 많다.

농지연금의 가치를 계산해보자. 1억 6천만 원에 낙찰받은 후 일시인
출형 상품으로 가입해서 1억 3천만 원을 회수했으니, 실투자금은 취득
세를 포함해 4천만 원 정도다. 이후에는 월 132만 원씩 수령하고 있다.
이렇게 2년 6개월 여를 수령하면 투자금 4천만 원을 회수할 수 있다.

게다가 토지가격도 상승하기에 시세 차익도 기대할 수 있다.

만약 부모님이 연금을 30년간 수령한다고 가정하면, 총수령액은 약 4억 7천만 원이다. 여기에 투자금 4천만 원을 빼도 4억 원이 넘는 금액이다. 1억 6천만 원에 낙찰받아서 이를 농지연금으로 활용하니, 그 가치가 6억 원에 이르렀다.

상속시에는 운영기관에서 정산을 하는데, 이때 연금 수령액보다 토지의 매각가격이 더 높으면 이를 상속인에게 돌려준다. 반대로 연금 수령액보다 토지의 매각가격이 적다면 상속인에게 청구하지 않는다. 그러니 이득이다.

04

농지연금
투자 사례 ❷

 '푸마' 님은 300km가 넘는 장거리도 마다하지 않고 토지 투자 강의를 들었다. 부모님이 시골에 계셔서 농지연금에도 관심이 많았다. 그의 부모님은 평생 농사만 지으셨던 분들이라 영농경력만 해도 수십 년이었다. 게다가 농지원부도 있다.

그는 현장답사를 여러 번 다녔다. 평소 눈여겨보던 농지의 감정가격이 5억 5천만 원인데, 최저가격이 1억 3천만 원까지 떨어져 있었다. 그가 현장답사 후에 기록한 내용을 살펴보자.

1. 토지 현황

-현재 도로와 인접하여 접근성은 우수하나 진입로 쪽 일부가 도로 및 세차장 진입로로 이용 중이며 아스콘과 콘크리트로 포장되어 있음. 연금신청시 약 70~80m² 정도는 제외될 가능성이 있음

- 주변 토지와 경계가 불분명하고 추후 측량 및 경계 표시를 해야 함

-토목 작업을 실시해야 함

2. 농지연금 탁상감성가

-탁상감정가 m²당 60만 원

-전체면적 가격: 920m²×60만 원=5억 5,200만 원

-연금적용면적 가격: 840m²×60만 원=5억 4,00만 원

3. 예상 연금

-비승계형: 1억 3,200만 원/168만 1,040원(정액형 236만 8,360원)

-승계형: 1억 2,800만 원/149만 2,730원(정액형 211만 2,320원)

4. 인근 낙찰 사례

① 2017타경****

-면적: 916m²(277평)

-본건보다 위치적으로 유리해 보이고, 면적은 비슷함

-본건과 같이 일부 면적은 콘크리트 포장으로 현재 주차장 등의 용도로 사용 중

-감정가: 5억 9,540만 원

-낙찰가: 2억 7,986만 원(47%)

-5명 입찰함

-2등 입찰가: 2억 4,620만 원

② 2017타경****

-면적: 911m²(276평)

-본건과 위치 및 면적 유사해 보임

-현재 해당 토지로의 접근성에서는 본건보다 열세로 보임

-본건보다 토지 형상은 좋아 보임

-감정가: 5억 7,393만 원

-낙찰가: 2억 1,500만 원(37%)

-2명 입찰함

-2등 입찰가: 1억 9,734만 원

③ 2017타경****

-면적: 937m²(283평)

-본건과 위치는 비슷하고 면적은 다소 넓음

-감정가: 5억 4,346만 원

-낙찰가: 2억 3,300만 원(43%)

그는 답사를 가서 수집한 정보와 그전에 수집한 자료를 바탕으로 입찰가를 산정했다. 그 결과 예상 감정가격도 높게 나와서 공격적으로 입찰하기로 했다. 전 회차 최저가를 넘겨도 충분한 수익이 날 것으로 보였다. 그래서 나는 "전 회차를 넘겨서 입찰해도 괜찮을 것 같다"고 말했다. 결과는 여유 있는 낙찰이었다. 1억 9천만 원 남짓한 가격에 낙찰을 받았다.

잔금을 납부하고 공사를 시작했다. 현장이 묵답이었기에 장비를 불러 잡초를 제거하고 땅을 다졌다. 그리고는 유실수를 심었다. 병충해에 강하고 손이 덜 가는 나무들 위주로 심었다. 그렇게 현장을 농지로 복구하고 농지연금을 신청했다. 그런데 땅의 출입구 쪽에는 자갈이 깔려

있어서 이웃이 농지 외의 용도로 사용하고 있는 부분이 있었다. 그래서 그 부분은 농지연금 가입시에 제외시켰다. 감정평가도 그 부분을 빼고 했다.

감정평가를 담당자에게 의뢰하면 담당자는 감정평가법인에 의뢰를 한다. 그리고 일정 시간이 지나면 결과가 나온다. 본 물건은 감정평가 금액이 5억 원이었다. 감정평가 금액이 5억 원이면 이 금액의 90%가 농지원금의 재원이 된다. 부모님 두 분이 모두 계시니 승계형으로 신청 했다.

두 사람의 생년월일을 넣고 조회를 하면 결과가 나온다. 보통은 기간형 상품보다는 종신형 상품이 좋다. 기간형 상품은 추후 기간이 만료되었을 때 해당 농지를 매도해야 하는데, 그때 양도소득세 문제가 생기기 때문이다. 따라서 양도소득세 문제가 비교적 덜한 종신형 상품을 선택 했다.

종신형 상품은 추후 종신시 해당 물건을 6개월 이내에 감정평가하면 된다. 그리고 세무서에 신고한다. 상속재산의 취득가는 시가로 신고하는 게 원칙인데 거래사례가액, 공시지가, 감정평가금액을 시가로 인정한다. 이렇게 종신시 6개월 이내에 감정평가를 하면 취득가가 높아지므로 양도소득세에서 비교적 자유롭다. 그래서 종신형 상품 중 일시인출형 상품에 가입하기로 했다.

일시인출형 상품은 공시지가의 최대 30%까지를 일시불로 지급하는 상품이다. 목돈을 일시에 회수할 수 있으므로 자금 운영에 도움이 된

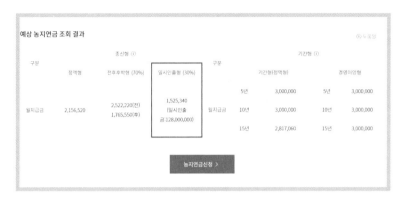

〈예상 농지연금 조회 결과〉

다. 일시인출형 상품에 가입하면 1억 2,800만 원을 일시인출할 수 있다. 낙찰가가 1억 9,500만 원이니 6,700만 원이 남는다. 6,700만 원에 대해 매월 150만 원을 받는다. 6,700만 원을 투자해서 한 달에 150만 원을 받는 것이니 수익률이 26%이다. 한 달에 150만 원, 그러니까 1년이면 1,800만 원이므로 부대비용을 감안하더라도 4년만 지나면 원금을 회수할 수 있다.

농지은행(www.fbo.or.kr) 사이트에서 예상연금을 조회해보자. 재촌자경 감면이 가능해서 양도소득세 감면이 가능하다면 기간형으로 선택해도 된다. 그렇지 않다면 일시인출형으로 선택하자. 그리고 원금 회수기간을 계산해보자. 만약 5년 이내에 원금 회수가 가능하다면 이 물건은 특A급이다. 5~7년 만에 원금 회수가 가능하다면 A급 물건이다.

원금 회수기간은 신청자의 나이가 많을수록 줄어든다. 공시지가가 같을 때, 신청자가 만 80세라면 만 65세보다 원금 회수기간이 짧다. 그래서 단순히 원금 회수기간만으로 좋은 물건이라고 판단하기에는 무리가 있다. 이를 보완하려면 공시지가를 기준으로 하면 된다.

만약 공시지가의 절반 가격으로 농지 취득이 가능하다면, 이런 농지는 무조건 좋다고 봐도 무방하다. 공시지가의 50% 선에서 농지를 취득하면 나이에 상관없이 괜찮은 수익률이 나오기 때문이다. 신청자가 만 70세 정도라면 원금 회수기간도 비교적 짧게 나온다. 그래서 공시지가를 기준으로 살펴보자. 공시지가는 서류를 통해 간단히 확인할 수 있으므로 쉽게 판단할 수 있다.

농지연금에 가입하려는 농지의 감정평가 금액은 경매 감정가의 몇 퍼센트가 나올까? 농지연금에 가입하는 농지는 공시지가의 100%나 감정평가의 90% 중에 높은 가격이 기준이다. 만약 농지연금에 가입하고자 하는 농지의 공시지가가 4억 원이고, 감정평가한 금액이 5억 원이라면 이 농지는 공시지가의 100%인 4억 원과 감정평가 금액의 90%인 4억 5천만 원 중에 높은 금액인 4억 5천만 원에 대해 농지연금을 받을 수 있다.

공시지가는 토지이음 사이트에서 쉽게 확인할 수 있지만, 감정평가 금액은 감정평가를 하기 전까지는 알 수 없다. 이럴 때 유용한 방법이 경매나 공매시 감정평가 금액을 참고하는 것이다. 보통 농지연금에 가입하기 위해서 실시하는 감정평가는 경매나 공매를 진행할 때 하는 감정가보다 낮게 나온다. 대략 85%에서 90% 정도이다. 이는 일반적인 비율이다. 어떤 농지는 그보다 더 낮게 나올 수도 있고, 경매 감정가보다 더 높게 나올 수도 있다.

　거제의 한 농지는 경매 감정가가 9천만 원이었는데, 농지연금을 가입할 때는 1억 3천만 원이라는 감정평가가 나왔다. 경매를 위한 감정평가는 농지연금에 가입할 때보다 2년 빠른 시점이었는데, 그사이에 지가가 급등해 실거래가가 많이 올랐기 때문이다. 따라서 오른 시세를 반영해 감정평가를 받았으니 경매 감정평가보다 높았다.

상속받은 농지의 취득가액

제주도에 사는 한 지인이 있다. 지인의 아버지는 교육공무원으로 일하면서 정년퇴임을 했고, 제주도에 감귤 농장을 소유했다. 몇 해 전 지인의 아버지께서 돌아가시면서 자녀들이 감귤 농장을 상속받았다. 이때 상속받은 재산의 취득가액은 얼마일까? 부모님이 소유하고 있는 부동산을 팔면 양도소득세를 납부해야 한다. 양도소득세는 매도한 가격에서 취득가를 뺀 만큼인 양도차익에 대해서 납부하는 것이다. 이럴 때 매도한 가격은 실거래 가격으로 하면 된다. 그럼 취득가는 얼마일까? 상속은 부모님이 돌아가신 후에 이어지는 과정인데, 이때는 취득가액을 얼마로 봐야 할까?

〈상속재산의 취득가액〉

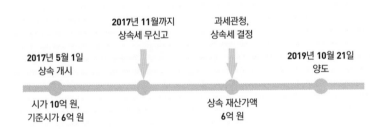

위 사례를 보자. 2017년 5월 1일에 상속이 개시되었다. 주변 시세는 10억 원인데 공시지가는 6억 원이다. 보통은 상속재산 10억 원까지는 과세표준이 없어서 상속세 납부 대상이 아니다. 그래서 별도의 상속세 신고를 하지 않는다. 그럼 6개월 후에 과세관청에서는 공시지가 6억 원을 상속받은 것으로 결정한다. 즉 상속재산의 취득가를 6억 원으로 본다. 2년이 지난 2019년 10월 21일에 농지를 10억 원에 팔았다. 농지를 팔았으니 양도소득세를 납부해야 한다. 매도가격 10억 원, 취득가액 6억 원이므로 양도차익이 4억 원이다. 양도차익이 4억 원이면 양도소득세는 얼마일까?

과세표준이 3억~5억 원이므로 세율은 40%다. 여기에 누진공제액 2,540만 원을 빼면 1억 3,460만 원[13]을 세금으로 납부해야 한다. 만약 이 토지가 비사업용토지라면 세금 부담은 더 커진다. 비사업용토지는 기본세율에 10%p 추가과세를 하고 1억 7,460만 원[14]을 세금으로 납부해야 한다.

이렇게 많은 액수의 세금을 반드시 납부해야 할까? 그렇지는 않다. 상속·증여받은 재산의 취득가액은 상속세 및 증여세 신고시 신고가액으로 한다. 이때 신고가액은 시가로 하면 된다. 근데 시가라는 말이 조금 애매할 수 있다. 이 시가에는 3가지 가격이 포 함된다. 매매사례가액, 기준시가, 감정가액이다. 3가지 중 하나를 선택해서 신고하면 된다.

보통은 상속을 받으면 상속세 신고를 하지 않는다. 대략 상속재산 10억 원까지는 상속세를 납부하지 않아도 되니 그렇다. 이런 경우 과세당국에서는 기준시가로 상속재산의 취득가를 확정한다.

감정평가를 하자. 상속세 및 증여세 신고시 시가로 하면 되고, 시가 중 하나가 감정가액이니 감정평가를 해서 상속세 신고를 하면 된다. 살펴본 사례의 경우 감정평가

---

13 4억 원×40%-2,540만 원=1억 3,460만 원
14 4억 원×50%-2,540만 원=1억 7,460만 원

를 하면 주변 시세와 비슷한 10억 원이 나올 것이다. 그러면 취득가액은 10억 원이 된다. 2년 후에 농지를 10억 원에 매도하면 매도가인 10억 원과 취득가액인 10억 원이 같다. 그래서 양도차익이 없으므로 납부해야 할 세금도 없다. 감정평가하는 데 비용만 들어간다. 감정가액 10억 원이면 기준 수수료는 114만 5천 원이다.

농지연금
투자 사례 ❸

나는 온라인 특강을 한 적이 있다. 농지연금 관련 이론을 설명하고 관심물건 하나를 설명했다. 당시 특강을 들었던 분들 중에 한 분이 답사를 다녀왔고 입찰까지 했다. 해당 토지는 농지연금을 고려했을 때 적합한 조건을 모두 갖추었다.

이 물건은 두 필지가 경매로 진행 중이었는데, 한 필지는 임야였고 한 필지는 농지였다. 임야인 한 필지는 농지로 복구가 힘들어 보였다. 하지만 농지인 다른 필지는 굉장히 좋아 보였다. 그래서 임야인 필지는 포기하고 농지인 필지만 활용해도 될 것이라 생각했다. 바로 공시지가 때문이었다.

해당 토지의 공시지가 추이를 보면 최근 5년 사이 50% 이상 상승했음을 알 수 있다. 토지를 2년 보유한 후 2022년에 농지연금에 가입한다면, 그때는 지금보다 더 높은 가격에 농지연금을 가입할 확률이 높

기준	개별 공시지가
2020년 1월	5만 9,100원
2015년 1월	3만 5,500원
2011년 1월	3만 1,100원

다.[15] 최근 5년간 공시지가 상승률을 보면 2년 후에도 어느 정도 공시지가는 오를 것으로 보이기 때문이다. 그래서 농지연금에 가입할 농지를 경매나 공매로 취득할 때는 공시지가 추이를 살펴보는 게 좋다.

최근 5년간 공시지가가 꾸준히 오르고 있는 토지를 선택하는 것이 좋다. 해당 토지의 2020년 공시지가는 m^{2}당 5만 9,100원이다. 면적이 2,509m^{2}이므로 토지의 공시지가는 1억 4,828만 1,900원이다. 그는 토지를 5,688만 8천 원에 낙찰받았다. 공시지가의 38%다. 차순위와 근소한 차이였다.

서류상으로는 지목이 '전'이고 현황도 농지라서 복구가 가능해 보였다. 물건을 낙찰받고 4,500만 원의 대출을 실행했다. 감정평가 금액 대비 21%에서 낙찰을 받았기 때문에, 낙찰가를 기준으로 하면 80%까지 대출이 가능했다. 손품을 팔아 은행 몇 군데에서 상담을 받았고 그중 가장 좋은 조건의 은행에서 자서를 했다. 낙찰을 받고 대출을 실행하자 실제 투자금은 1,700만 원 정도가 되었다. 공시지가가 1억 4천만 원인

---

15   이 토지를 2020년에 낙찰받고, 2년 보유한 후 농지연금에 가입할 수 있었다. 해당 농지의 2021년 공시지가는 m^{2}당 6만 9,600원으로 2020년 대비 17.7% 올랐다.

구분	종신형 ⓘ			구분	기간형 ⓘ			
	정액형	전후후미형 (70%)	일시인출형 (30%)		기간형(정액형)		경영이양형	
					5년	만78세 이상 가능	5년	2,640,920
월지급금	638,520	756,790(전) 529,750(후)	450,310 (일시인출 금:40,000,000)	월지급금	10년	만73세 이상 가능	10년	1,413,070
					15년	904,220	15년	1,006,470

토지를 1,700만 원으로 취득한 것이다. 이렇게 2년을 보유하고 농지연금에 가입하면 된다.

2년 후에 부모님의 연세를 기준으로 일시인출 4천만 원이 가능하고, 매월 45만 원씩 수령할 수 있다. 낙찰금액이 5,600만 원임을 감안하면 일시인출 후 남아 있는 원금은 1,600만 원이다. 대략 4년이면 원금회수가 가능하다. 그 이후부터는 투자금 없이 매월 45만 원씩 두 분이 계시는 동안 수령할 수 있다.

2년간 얼마나 오를지 모르지만, 지금보다는 오를 것이라 생각한다. 한편 2년 후에 농지연금 가입시점에 감정평가를 할 수도 있다. 만약 감정평가를 한 금액의 90%가 공시지가의 100%보다 높다면 감정평가를 하는 게 좋다. 그렇게 보면 2개의 옵션이 아직 남아 있는 셈이다. 즐거운 마음으로 2년을 기다릴 수 있다.

여기까지 이야기하면 비판이 따를 수 있다. 경매나 공매로 싸게 낙찰받아 농지연금에 가입하는 게 도의에 어긋난다고 말이다. 하지만 그렇지 않다. 아파트도 경매나 공매로 진행되는 경우가 있고, 이를 시세보다 싸게 낙찰받았다고 해서 비난하지 않는 것처럼 말이다.

농지 역시 마찬가지다. 경매나 공매는 자본주의 사회에서 정상적인 채권 회수의 방법으로 국가에서 보증하는 시스템이다. 농지연금에 가입하는 사람들은 평생 농사를 지은 분들이다. 국가에서 보증하는 시스템인 경매나 공매로 농지를 취득했다고 해서 특별히 다르게 취급할 일은 아니다.

피해야 할 토지 유형 및
농지연금 체크리스트

농지연금 가입을 목적으로 물건을 검색하다 보면 일정한 패턴이 보인다. 농지연금에 가입하기 위해서는 해당 농지를 평가받아야 하고, 평가 금액에 따라 월 수령액이 결정된다. 평가는 공시지가의 100%와 감정평가한 금액의 90% 중 높은 금액이 기준이다. 보통의 경우 농지연금 가입을 위해 감정평가를 하면 경매를 위한 감정평가 금액보다는 낮게 나온다.

경매를 위한 감정평가는 매도호가를 기준으로 하기 때문에 일반적인 시세보다 높게 나온다. 하지만 농지연금 가입을 위한 감정평가는 보수적으로 할 수밖에 없다. 따라서 공시지가가 높은 농지는 눈에 띄게 마련이다. 감정평가는 실제 평가를 의뢰하기 전까지는 그 금액을 알 수 없지만, 공시지가는 눈에 보이기 때문이다. 그렇다고 공시지가가 높다고 해서 무조건 낙찰받아서는 안 된다.

몇 년 전의 일이다. 감정가가 약 2억 5천만 원인 농지가 여러 번 유찰되면서 최저가가 6,100만 원까지 떨어졌다. 지목이 '답'이라서 현황이 농지가 맞다면 농지연금에 가입할 수 있는 토지였다. 공시지가는 m²당 17만 900원으로, 전체 토지의 공시지가는 2억 1,311만 2,300원이었다. 이 물건을 낙찰받아서 농지연금에 가입한다면 공시지가의 100%인 2억 1천만 원에 대해 농지연금을 수령할 수 있었다. 결과적으로 8,900만 원에 낙찰되었으니 2억 1천만 원에 대한 농지연금을 수령한다면 특A급 물건이 된다. 공시지가 대비 45% 수준에서 낙찰받았기 때문이다.

사진 속 토지는 실제 영농에 이용 중이라고 볼 수 없었다. 농지의 상당 부분이 수로나 구거에 포함되어 실제 영농에 이용할 수 있는 부분이 거의 없었기 때문이다. 나 역시 현장답사를 갔지만 이런 부분이 마음에

〈피해야 할 토지〉

걸려 입찰을 포기했었다. 그러므로 무조건 공시지가가 높다고 해서 낙찰을 받아서는 안 된다. 농지연금 신청에 가장 중요한 것은 지목이 농지여야 하고 현황도 농지여야 함을 잊지 말자.

농지연금에 가입하기 위해서는 체크리스트를 활용하는 것이 좋다. 그래야 실수를 방지할 수 있다. 다음은 농지연금 체크리스트다. 한 번 확인해보자.

〈농지연금 체크리스트〉

- 신청인의 영농경력이 5년 이상인가?
- 신청인의 나이는 만 60세 이상인가?
- 해당 농지를 2년 보유했는가?
- 농지소재지 시·군·구나 연접 시·군·구 또는 직선거리 30km 인근에 거주하고 있는가?
- 공부상 지목이 농지인가?
- 현황이 농지인가?
- 현황이 농지가 아니라면 농지로 복구할 수 있는가?
- 복구에 드는 비용은 얼마인가?
- 공시지가가 얼마이고, 그 추이는 어떤가?
- 예상 감정평가 금액은 얼마인가?
- 경매 감정평가 시점 이후에 거래된 사례는 있는가?
- 예상 농지연금 수령액은 얼마인가?
- 원금 회수기간은 얼마인가?

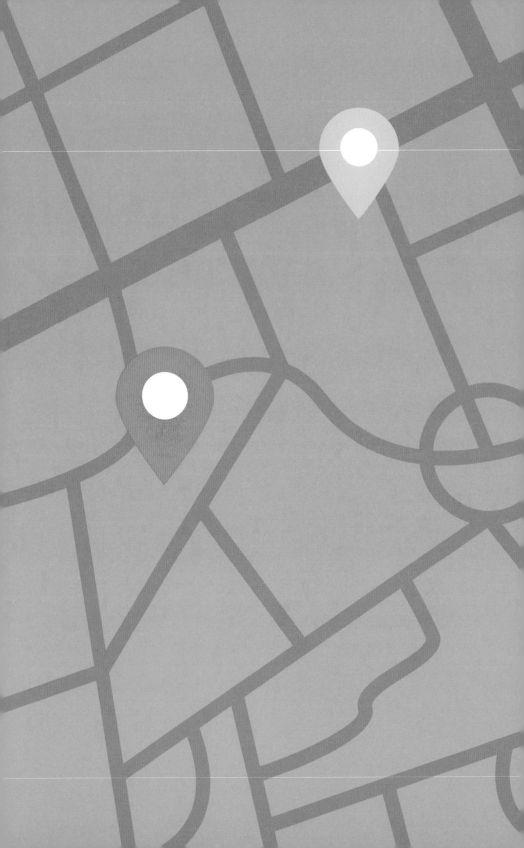

PART7

미래의
먹거리,
산지 투자

산지도
가격이 오를까?

산지는 우리나라 전체 국토 면적에서 약 63%를 차지한다. 산지는 산지관리법의 적용을 받는다. 산지관리법에서는 산지를 보전산지와 준보전산지로 나눈다. 보전산지는 보전할 필요성이 있는 산지이고, 준보전산지는 보전산지로 지정된 이외의 산지로, 개발이 비교적 용이한 곳을 말한다. 보전산지는 다시 임업용산지와 공익용산지로 나뉜다.

〈산지의 구분〉

보전산지는 2022년 1월 기준으로 전체 산지의 78.6%를 차지하고, 준보전산지는 전체 산지의 21.4%를 차지한다. 보전산지와 준보전산지 중에는 준보전산지가 투자에 더 좋다. 개발이 좀 더 용이하고 활용이 가능해서다. 그래서 대체로 준보전산지가 더 비싸다. 가격 오름폭도 준보전산지가 더 크다. 준보전산지뿐만 아니라 용도지역상 '준' 자가 들어가는 것은 모두 좋다. 준보전산지 외에도 준공업지역이나 준주거지역이 있는데 이곳들도 좋다.

보전산지는 임업용산지와 공익용산지로 나뉜다. 임업용산지는 임업에 사용할 수 있는 산지이고, 공익용산지는 공익을 위해 사용할 수 있는 곳이다. 공익용산지는 '공익'이라는 단어에서도 알 수 있듯이 '개인의 이익'을 철저히 배제한다. 그래서 대부분은 개발이 불가하다. 그러니 서류에 공익용산지로 나오면 투자 대상에 배제시킨다. 토지이음에서 토지이용계획확인서를 체크하면 된다. 이런 물건은 사지도 말고, 경매나 공매로 낙찰받지도 말자. 별로 실익이 없다.

임업용산지는 조림이나 임산물 재배 등에 주로 사용된다. 이외에도 납골당, 요양병원, 양어장, 청소년 수련원, 농어가주택, 산림경영관리사, 농막 등의 설치가 가능하다. 임야 투자에서는 준보전산지와 임업용산지에만 관심을 가지면 된다.

살펴볼 물건은 2005년에 경매로 낙찰된 물건이다. 당시 신건에서 평당 약 4,100원에 낙찰되었다. 토지이용계획확인서를 보니 준보전산지라고 되어 있다. 개발이 가능하고 가격도 보전산지에 비해 많이 오를

〈토지이용계획확인서〉

소재지	전라남도 신안군 지도읍 감정리 산 ▨		
지목	임야 ❓	면적	14,975 ㎡
개별공시지가(㎡당)	1,060원 (2021/01) 연도별보기		
지역지구등 지정여부	「국토의 계획 및 이용에 관한 법률」에 따른 지역·지구등	도시지역 , 보전관리지역(보전관리지역) , 자연녹지지역(자연녹지지역)	
	다른 법령 등에 따른 지역·지구등	가축사육제한구역(1000m제한구역_소,젖소,말,사슴,양,염소_배출시설면적2,645제곱미터이상)<가축분뇨의 관리 및 이용에 관한 법률>, 가축사육제한구역(200m제한구역_소,젖소,말,사슴,양,염소_배출시설면적2,645제곱미터미만)<가축분뇨의 관리 및 이용에 관한 법률>, 준보전산지<산지관리법>	
「토지이용규제 기본법 시행령」 제9조 제4항 각 호에 해당되는 사항			

것이다.

모양은 257쪽 사진과 같다. 산지는 깊은 산속의 산지보다 마을 뒤편의 야트막한 산지가 더 좋다. 마을 뒤편의 야트막한 산지는 대부분 준보전산지일 확률이 높다. 깊은 산속의 산지는 임업용산지나 공익용산지일 확률이 높다.

이 산지는 마을 뒤편에 있으면서 우측으로 해당 산지까지 접근이 가능해 보인다. 지적도상으로는 도로와 접한 부분이 전혀 없다. 맹지다. 다만 현황상으로는 접근할 수 있는 통행로가 있으니 다행이다. 일단 여기까지만 정리해보자. 이 산지는 맹지이지만 접근할 방법이 있고, 준보전산지여서 향후 개발 가능성이 있다. 2005년에 평당 4,100원에 거래되었다. 그럼 이 산지는 현재 얼마일까? 현재의 시세를 알면 16년 동안 얼마나 올랐는지를 알 수 있다.

현재 시세를 알고 싶다면 디스코 사이트를 참고한다. 디스코에서 주

〈산지 현황〉

변 거래사례를 살펴보면 인근의 임야가 2017년 5월에 거래된 사실을 알 수 있다. 사진에서 빨간색 원 부분이다. 관련 내용을 클릭하면 좀 더 자세한 정보가 나온다.

내용을 보니 면적은 401평으로, 2017년 5월에 평당 1만 9,944원에 거래되었다. 역시 준보전산지다. 지적도를 살펴보니 현황도로가 연결되어 있었다. 이 산지는 전부가 자연녹지다. 인근 매물을 살펴보니 평당 1만 5천 원 정도였다.

공시지가를 살펴보니 2005년에는 평당 1,123원이었다. 경매에서 정확하게 평당 4,166원에 낙찰되었으니, 공시지가의 3.7배에 거래된 셈이다. 경매로 낙찰된 것도 거래로 본다. 2021년 공시지가는 평당 3,498원이다. 2005년 경매 당시 공시지가의 3.7배에서 낙찰되었으니 이 비율을 적용해보면(=3,498×3.7) 평당 1만 2,942원이다. 주변 거래사례와 현재 시장에 나와 있는 일반 매물과 공시지가를 비교해보면, 이 산지의 현재 시세는 평당 1만 2천~1만 5천 원임을 예상할 수 있다. 2005년에 비교하면 3배 정도 올랐다.

다른 사례를 하나 더 살펴보자. 이 물건 역시 2005년에 낙찰된 물건으로, 평당 약 1,600원에 낙찰되었다. 마을 뒤편에 자리하고 있고, 앞서 살펴본 산지와 달리 진입로가 없다. 그래서 접근성이 떨어진다. 산지라고 해도 임산물을 재배하거나 나무를 기르기 위해서는 해당 토지에 출입해야 하는데 진입로가 없다는 건 큰 약점이다. 그래서 지적도상으로는 도로가 없더라도 현황상 임도나 진입로가 있는 산지가 좋다.

지적편집도를 확인하니 보전관리지역과 농림지역에 모두 걸쳐 있었다. 보전관리지역은 극히 일부이고, 대부분이 농림지역이다. 관리지역

〈산지 현황〉

〈토지이용계획확인서〉

소재지	전라남도 보성군 노동면 금호리 ▨ ▨		
지목	임야 ❓	면적	12,397 ㎡
개별공시지가(㎡당)	805원 (2021/01) 연도별보기		
지역지구등 지정여부	「국토의 계획 및 이용에 관한 법률」에 따른 지역·지구등	농림지역 , 보전관리지역	
	다른 법령 등에 따른 지역·지구등	가축사육제한구역(가축사육제한구역(1500m_닭,오리,개,메추리))<가축분뇨의 관리 및 이용에 관한 법률>, 가축사육제한구역(가축사육제한구역(2000m_돼지))<가축분뇨의 관리 및 이용에 관한 법률>, 가축사육제한구역(가축사육제한구역(300m_소_신고대상))<가축분뇨의 관리 및 이용에 관한 법률>, 가축사육제한구역(가축사육제한구역(400m_소_허가대상))<가축분뇨의 관리 및 이용에 관한 법률>, 가축사육제한구역(가축사육제한구역(500m_그밖의가축))<가축분뇨의 관리 및 이용에 관한 법률>, 가축사육제한구역(가축사육제한구역(700m_젖소))<가축분뇨의 관리 및 이용에 관한 법률>, 임업용산지(보전산지)<산지관리법> 준보전산지<산지관리법>, 공장설립승인지역(수도법시행령 제13조의3 1호)<수도법>, 임업진흥권역<임업 및 산촌 진흥촉진에 관한 법률>	
「토지이용규제 기본법 시행령」제9조 제4항 각 호에 해당되는 사항			

은 대부분 준보전산지이고, 농림지역은 보전산지다.

이 산지는 보전산지가 대부분으로, 임업용산지다. 인근에 2017년 7월에 평당 4,048원에 거래된 사례가 있었다. 이 물건의 2005년 공시지가는 평당 1,656원이었다. 당시 낙찰가격이 평당 1,636원이었으니 공시가격의 98.7%에 거래되었음을 알 수 있다. 2021년 공시지가는 평당 2,655원이다. 여기에 98.7%를 적용하면 2,621원이다. 16년 동안 60% 정도 올랐다. 공익용산지를 제외한 임업용산지와 준보전산지 모두 장기적인 관점에서 오른 것을 확인할 수 있다.

사례는 우리나라에서 가장 지가가 싼 지역에서 무작위로 두 곳을 뽑은 것이다. 범주를 전국적으로 넓혀보면 방금 본 사례들보다 많이 오른 곳들이 대부분일 것이다. 한국감정원의 지가 상승률 자료를 보면

2005~2021년까지 16년 동안 전국 지가 상승률이 대략 51%다.

전남 신안군과 보성군은 전국 평균보다 낮은 40%와 23%이고, 세종은 전국 평균을 훨씬 웃도는 128%다. 이를 감안하면 앞에서 살펴본 사례는 산지의 최소 상승률로 봐도 무방하다. 준보전산지는 16년 동안 최소 3배 정도 오르고, 보전산지 중에서 임업용산지는 같은 기간에 최소 60% 이상은 오른다.

산지,
어떻게 살까?

산지도 오르는지 살펴봤다. 개별적인 사례와 공식적인 통계를 살펴보니 산지도 오른다는 것이 확인되었다. 보수적으로 봐도 향후 20년 동안에 2배 정도는 오를 것 같다. 그럼 산지를 사도 되는 걸까? 만약 사도 된다면 어떻게 살까?

내 친구인 치열이는 서울에서 대학을 다녔다. 대학을 졸업하고 직장생활을 시작했는데, 적성에 맞지 않은 모양이었다. 몇 년 후 그는 고향으로 내려갔다. 당시 치열이의 아버지는 양봉업을 했는데 치열이는 아버지 밑에서 일을 시작했다. 고향으로 내려간 지 몇 년이 지났다. 당시에 귀농이나 귀촌을 하면 지원이 많았는데, 그 지원을 받아서 토지도 구입하고 창고도 지었다고 했다.

산림청에서는 여러 가지 사업과 지원을 한다. 그중 하나가 전문임업인 기반조성 사업이다. 전문임업인 기반조성 사업 중에도 몇 가지 종류

사업명	금리	융자기간			융자한도	융자비율
		계	거치	상환		
장기수 사업 (임야 매입)	1%	35년	20년	15년	사업자당 3억 원	사업비의 100%

가 있는데, 그중 하나가 장기수 사업이다. 이 장기수 사업자금으로 임야를 구입할 수 있다. 이 지원은 융자 사업 중 하나다.

융자는 사업자금을 저리로 장기간 빌려주는 것이다. 사업자당 3억 원까지 가능하고 사업비의 100% 모두 융자로 가능하다. 금리는 1%이고, 고정금리라서 금리 변동을 걱정할 필요도 없다. 상환 방법은 20년 거치, 15년 상환이다. 20년 동안은 대출 이자만 납부하다가 21년째부터 15년 동안 원금과 이자를 함께 상환하는 방법이다. 조건이 좋다.

3억 원의 지원을 받아서 임야를 구입했다고 가정해보자. 금리가 1%이니 매월 25만 원의 대출 이자만 내면 된다. 이렇게 20년을 유지하면 총 6천만 원을 이자로 납부하게 된다. 그런데 임야가격은 최소 3억 원이 오른다. 앞에서 임야도 20년간 2배 이상은 오른다고 봤기 때문이다.

물론 이보다 더 많이 오르는 임야도 있고 덜 오르는 임야도 있다. 중요한 건 최소 2배 이상 오를 임야를 구입해야 한다는 것이다. 그렇다면 시세 차익 3억 원에서 대출 이자 6천만 원을 빼면 수익이 2억 4천만 원이다.

여기서 중요한 것이 있다. 3억 원의 임야를 살 때 자기자본이 전혀 들지 않았다는 점이다. 왜 그럴까? 사업비의 100%를 지원받았기 때문이다. 다른 지원 정책들을 보더라도 이렇게 사업비 전부를 지원해주는 경우는 드물다. 그래서 좋다.

지원을 받으려면
자격이 필요하다

사업비의 100%를 장기저리로 지원받으려면 일정한 자격이 필요하다. 자격에는 3가지가 있다. 임업후계자, 독림가, 신지식농업인(임업 분야) 자격이다. 여기서는 임업후계자만 다룬다. 임업후계자는 임업의 계승과 발전을 위해 임업을 영위할 의사와 능력이 있는 자로, 농림부령이 정하는 요건을 갖춘 자들 중에서 선발된 자를 말한다. 임업후계자가 되기 위한 조건은 3가지인데, 이 중에서 한 가지만 만족하면 된다.

임업후계자 첫 번째 조건은 연령이다. 일단 55세 이상이면 안 된다. 55세 미만이면서 개인 독림가의 자녀이거나, 3ha 이상의 산림을 소유하거나, 10ha 이상의 국유림 또는 공유림을 대부받거나 분수림을 설정받으면 가능하다. 첫 번째 조건에서 주목해야 할 부분은 3ha다. 1ha는 1만m²를 말한다. 따라서 3ha는 3만m²가 되고 이를 평수로 환산하면 약 9,075평이다. 이 정도의 임야를 소유하면 된다.

〈임업후계자 자격 요건〉

1. 55세 미만인 자로서 산림경영계획에 따라 임업을 경영하거나 경영하려는 자로,
   가. 개인 독림가의 자녀
   나. 3ha 이상의 산림을 소유(세대를 같이하는 직계 존·비속, 배우자 또는 형제자매 소유 포함)하고 있는 자
   다. 10ha 이상의 국유림 또는 공유림을 대부받거나 분수림을 설정받은 자

2. (연령 제한 없음) 품목별 재배 규모 기준(1천㎡~1만㎡) 이상에서 단기소득임산물을 생산하고 있는 자

3. (연령 제한 없음) 품목별 재배 규모 기준(1천㎡~1만㎡) 이상에서 단기소득임산물을 생산하려는 자로 다음 요건을 모두 충족하는 자
   -교육 이수: 임업 분야 40시간 이상 이수한 자. 단 임업관련 대학·고등학교 졸업자에 한해 면제
   -기준 규모 이상의 재배포지 및 사업계획을 수립한 자

이때는 세대를 같이하는 부모님, 배우자, 형제자매 소유의 임야를 합산해도 된다. 한 필지가 3ha를 넘어야 하는 것은 아니고 여러 필지를 합쳐서 3ha만 넘으면 된다. '소유'라고 했으니 타인에게 빌린 임야는 안 된다. '가', '다' 요건보다는 '나' 요건이 현실적으로 무난하다.

두 번째와 세 번째 조건을 보면 나이 제한이 없다. 자세히 읽어보면 문구도 거의 비슷하다. 마지막 부분만 다르다. 차이는 '현재 생산하고 있는지' 아니면 '추후에 생산할 것인지'이다. 현재 생산하고 있다면 두 번째 요건으로 신청하면 되고, 현재 생산하지는 않지만 앞으로 할 것이라면 세 번째 조건으로 신청하면 된다.

두 번째와 세 번째 조건을 보면 '품목별 재배 규모 기준'이 나온다. 임산물의 종류에 따라 적정 면적 이상을 확보하면 된다. 첫 번째를 보면 3ha 이상의 임야를 소유해야 하는 반면에 두 번째는 토지를 빌려서 해도 된다. 세 번째 조건은 빌리는 것은 안 되고 소유해야 한다. 두 번째와 세 번째는 산림이나 임야라는 문구가 없으므로 농지여도 가능하다. 품목별 재배 규모 기준은 아래와 같다.

〈품목별 재배 규모 기준〉

구분	재배 규모 기준
산림사업용 종자 또는 산림용 묘목	'산림자원의 조성 및 관리에 관한 법률' 제16조 제1항 및 같은 법 시행규칙 제13조 제1항에 따른 종·묘 생산업 등록을 한 자로서 3천m² 이상의 포지를 소유하고 있거나 임차하고 있는 자
수실류	1) 식재면적 1만m² 이상에서 밤을 생산하고 있거나 재배하려는 자 2) 식재면적 3천m² 이상에서 '지원 대상 품목'의 수실류 중 어느 하나 이상의 품목을 생산하고 있거나 재배하려는 자
버섯류	1) 원목 50m³ 이상에서 표고를 생산하고 있거나 재배하려는 자 2) 재배시설 1천m² 이상에서 '지원 대상 품목'의 버섯류(톱밥배지로 재배하는 표고버섯 포함) 중 어느 하나 이상의 품목을 생산하고 있거나 재배하려는 자
산나물류	3천m² 이상의 토지에서 '지원 대상 품목'의 산나물류 중 어느 하나 이상의 품목을 생산하고 있거나 재배하려는 자
약초류	3천m² 이상의 토지에서 '지원 대상 품목'의 약초류 중 어느 하나 이상의 품목을 생산하고 있거나 재배하려는 자
약용류	식재면적 3천m² 이상에서 '지원 대상 품목'의 약용류 중 어느 하나 이상의 품목을 생산하고 있거나 재배하려는 자

수목부산물류	1) 잎을 채취하기 위해 식재면적 2천m² 이상에서 두충 또는 청미래덩굴 중 어느 하나 이상의 품목을 생산하고 있거나 재배하려는 자 2) 잎을 채취하기 위해 식재면적 1만m² 이상에서 은행·음나무·참죽나무 중 어느 하나 이상의 품목을 생산하고 있거나 재배하려는 자 3) 식재면적 1만m² 이상에서 고로쇠나무, 자작나무 등의 수액을 채취하고 있거나 재배하려는 자
관상산림 식물류	1) 재배포지 또는 재배시설 2천m² 이상에서 분재를 생산하고 있거나 재배하려는 자 2) 재배시설 1천m² 이상에서 자생란·이끼류 중 어느 하나 이상의 품목을 생산하고 있거나 재배하려는 자 3) 재배포지 3천m² 이상에서 조경수·잔디·야생화 중 어느 하나 이상의 품목을 생산하고 있거나 재배하려는 자
그밖의 임산물	3천m² 이상의 토지나 재배포지 또는 재배시설에서 '지원 대상 품목'의 그 밖의 임산물 중 어느 하나 이상의 품목을 생산하고 있거나 재배하려는 자

수실류의 경우 식재면적 1만m² 이상에서 밤을 생산하고 있거나 재배하려고 하면 임업후계자가 가능하다. 수실류는 식재면적 3천m² 이상에서 '지원 대상 품목'의 수실류 중 어느 하나 이상의 품목을 생산하고 있거나 생산하려고 하면 된다. 밤은 식재면적이 1만m²가 필요하지만 밤 이외의 다른 수실류를 생산하거나 재배하려고 하면, 그보다 작은 면적인 3천m²만 있으면 된다. 3천m²는 900평 남짓이다. 수실류의 '지원 대상 품목'에는 어떤 것들이 있을까?

지원 대상 품목 중 수실류에 해당하는 것은 밤, 감, 잣, 호두, 대추, 은행, 도토리, 개암, 머루, 다래, 복분자딸기, 산딸기, 석류, 돌배다. 본인 소유의 토지가 3천m² 이상이 있다면 이곳에 대추를 생산하고 있거나 재

종류	품목명
수실류	밤, 감, 잣, 호두, 대추, 은행, 도토리, 개암, 머루, 다래, 복분자딸기, 산딸기, 석류, 돌배
버섯류	표고, 송이, 목이, 석이, 능이, 싸리, 꽃송이버섯, 복령
산나물류	더덕, 고사리, 도라지, 취나물, 참나물, 두릅, 원추리, 산마늘, 고려엉겅퀴(곤드레), 고비, 어수리, 눈개승마(삼나물)
약초류	삼지구엽초, 삽주, 참쑥, 시호, 작약, 천마, 산양삼, 결명자, 구절초, 약모밀, 당귀, 천궁, 하수오, 감초, 독활, 잔대, 백운풀, 마
약용류	오미자, 오갈피나무, 산수유나무, 구기자나무, 두충나무, 헛개나무, 음나무, 참죽나무, 산초나무, 초피나무, 옻나무, 골담초, 산겨릅나무, 산사나무, 느릅나무, 황칠나무, 꾸지뽕나무, 마가목, 화살나무, 목단
수목부산물류	수액(樹液), 나뭇잎, 나뭇가지, 나무껍질, 나무뿌리, 나무순 등 나무(대나무류를 포함한다)에서 나오는 모든 부산물
관상산림식물류	야생화, 자생란, 조경수, 분재, 잔디, 이끼류
그 밖의 임산물	위 품목 외에 '산림자원의 조성 및 관리에 관한 법률' 제2소 세7호에 따른 임산물로서 목재(목재제품을 포함한다)와 토석을 제외한 품목

배하려고 하면 임업후계자가 가능하다.

만약 약초류 중 잔대를 재배하려면 3천㎡ 이상의 토지를 소유하면 된다. 그리고 임업 분야에서 40시간 이상 교육을 받고 사업계획을 수립하면 된다. 교육은 한국임업진흥원 홈페이지나 관련 교육기관의 홈페이지[16]를 참고한다.

---

16 이 책의 부록 참고.

임업후계자 혜택
12가지

임업후계자가 되면 어떤 혜택들이 있을까? 대부분 장기저리의 융자다. 이 책에서는 혜택을 12가지로 구분해서 정리했다.

1. 숲가꾸기 및 임도시설(산림경영 기반조성)

① 숲가꾸기

(단위: %, 년)

사업명	금리	융자기간			융자한도	융자비율
		계	거치	상환		
장기수종		35	20	15	설계금액 범위 내	실소요액의 100%
기타수종	1.0	25	15	10		
유실수종		15	10	5		

② 임도시설

(단위: %, 년)

사업명	금리	융자기간			융자한도	융자비율
		계	거치	상환		
임도시설	1.0	35	20	15	설계금액 범위 내에서 1인당 2억 원 이내	사업비의 100%

2. 전문임업인 기반조성(산림경영 기반조성)

(단위: %, 년)

사업명	금리	융자기간			융자한도	융자비율
		계	거치	상환		
장기수 사업	1.0	35	20	15	사업자당 3억 원 이내	사업비의 100%
임도시설						
사립휴양시설조성						
단기산림소득지원	2.0	15	5	10		

3. 사립휴양시설 조성

(단위: %, 년)

사업명	금리	융자기간			융자한도	융자비율
		계	거치	상환		
사립휴양시설 조성	고정금리(3.0) 또는 변동금리	20	10	10	1개소당 8억 원 이내	-설계금액의 80% 이내(신규 조성) -소요자금의 80% 이내(보완사업, 운영)

4. 산양삼 생산

(단위: %, 년)

사업명	금리	융자기간			융자한도	융자비율
		계	거치	상환		
산양삼 생산	고정금리(2.0) 또는 변동금리	15	10	5	사업자 당 1억 원 이내	사업비의 80% 이내

5. 해외산림자원 개발

사업명		지원율			융자한도	융자기간 (거치/상환)	비고
		금리	융자	자부담			
산업 및 탄소배출권 조림	속성수 (열대지역)	1.5	100	–	소요액	7/3	육림 포함
	속성수 (기타지역)	1.5	100	–	소요액	10/3	육림 포함
	장기수 (열대지역)	1.5	100	–	소요액	17/3	육림 포함
	장기수 (기타지역)	1.5	100	–	소요액	25/3	육림 포함
	고무나무	1.5	70	30	사업비의 70% 이내	7/3	육림 포함
	바이오매스조림 (SRC)	1.5	100	–	소요액	2/3	육림 포함
임산물가공시설		1.5	70	30	사업비의 70% 이내	2/3	–
해외조림지 매수		1.5	70	30	사업비의 70% 이내	10/3	–

6. 귀산촌인 창업 및 주택구입 지원

사업명	금리	융자기간			융자한도	융자비율
		계	거치	상환		
귀산촌인 창업 및 주택구입	2.0	15	5	10	• (창업) 세대당 3억 원 • (정착) 세대당 7,500만 원 * 목조주택 1억 원	100% 이내

7. 단기산림소득지원

① 임산물 생산

사업명	금리	융자기간			융자한도	융자비율
		계	거치	상환		
산림버섯 생산	고정(2.0%) 또는 변동	5	3	2	40만 원/자목 1m³ (또는 톱밥배지 제조·구입 100개, 총균 100kg)	사업비의 80%
밤방제탑재용차량		10	3	7	990만 원/대	사업비의 90%
임산물 생산기반 조성 및 사후관리		5	3	2	사업비의 80%	
임산물 생산장비		10	3	7	1대당 금액의 80% 이내	
수액생산 기자재		5	3	2	70만 원/ha	사업비의 80%
임산물 생산 및 운영		10	3	7	임업인 5천만 원 임업인단체 1억 원	사업비의 80%

② 조경수 생산

사업명	금리	융자기간			융자한도 및 비율
		계	기치	싱환	
조경수 생산	고정금리(2.0) 또는 변동금리	10	5	5	사업비의 80% 이내
조경수 유통센터운영		10	5	5	사업비의 80% 이내

③ 분재 생산

사업명	금리	융자기간			융자한도	융자비율
		계	거치	상환		
분재생산자금	고정(2.0%) 또는 변동	10	5	5	8,640만 원/ha *기준단비(1억 800만 원/개소)의 80%	사업비의 80%
분재운영자금		10	5	5	8천만 원/ha *기준단비(1억 원/개소)의 80%	사업비의 80%

④ 임산물 가공·유통기반 시설

(단위: %, 년)

사업명	금리	융자기간			융자한도 및 비율
		계	거치	상환	
임산물 가공사업	고정금리(2.0) 또는 변동금리	10	3	7	사업비의 80%
임산물 저장·건조사업					
임산물 유통기반조성 사업					

⑤ 임산물 직거래 판매 및 수집·수매

(단위: %, 년)

사업명	금리	융자기간			융자한도 및 비율
		계	거치	상환	
임산물 직거래 판매	고정금리(2.0) 또는 변동금리	10	3	7	– 직판장 임차료: 사업비의 100% – 원료구입비: 사업비의 80%
임산물 수집·수매					사업비의 80%

⑥ 임산물 상품화

(단위: %, 년)

사업명	금리	융자기간			융자한도 및 비율
		계	거치	상환	
임산물 상품화	고정금리(2.0) 또는 변동금리	10	3	7	사업비의 80%

⑦ 단기임산물 수출원재료 구입

(단위: %, 년)

사업명	금리	융자기간			융자한도	융자비율
		계	거치	상환		
단기임산물 수출원재료 구입	고정금리(2.0) 또는 변동금리	5	2	3	사업자당 15억 원 이내	사업비의 80% 이내

8. 조림용 묘목 생산

(단위: %, 년)

사업명	금리	융자기간			융자한도	융자비율
		계	거치	상환		
조림용 묘목생산	고정금리(2.0) 또는 변동금리	5	3	2	2억 원 (61만 9천 원/전논냥)	사업비의 100% 이내
온실(클론)시설					1억 2천만 원	40% 이내
양묘시설 현대화					4억 원	20% 이내

9. 목재이용 활성화 지원

① 목재이용·가공시설

(단위: %, 년)

사업명	금리	융자기간			융자한도 및 비율
		계	거치	상환	
목재이용 가공시설	고정금리(3.0) 또는 변동금리	10	3	7	개소당 설계금액의 80% 이내
보드류시설		10	3	7	

② 국산목재 구입

(단위: %, 년)

사업명	금리	융자기간			융자한도 및 비율
		계	거치	상환	
국산원자재 구입 자금	고정금리(3.0) 또는 변동금리	5	3	2	사업비의 80% 이내
국산목재 생산·구입					
목재펠릿 구입					

③ 수출원재료 구입

(단위: %, 년)

사업명	금리	융자기간			융자한도	융자비율
		계	거치	상환		
수출원재료 구입	고정금리(3.0) 또는 변동금리	5	2	3	사업자당 15억 원 이내	사업비의 80%

④ 임업기계화

사업명	금리	융자기간			융자한도	융자비율
		계	거치	상환		
임업기계장비 구입	고정금리(3.0) 또는 변동금리	10	3	7	실 소요액	소요자금의 80% 이내
임업기계장비 생산		10	3	7	생산자당 2억 원 이내	

10. 산림조합 육성

사업명	금리	융자기간			융자한도	융자비율
		계	거치	상환		
단기자금 지원	고정금리(3.0) 또는 변동금리	5	3	2	설계에 따른 소요금액	사업비의 100%
장기자금 지원		10	3	7		

11. 임업인 경영자금

사업명	금리	융자기간			융자한도	융자비율
		계	거치	상환		
단기산림경영자금	고정금리(2.5) 또는 변동금리	2	1	1	2천만 원 이내	사업비의 100%
재해대책경영자금	고정금리(1.8) 또는 변동금리	2	1	1	2천만 원 이내	사업비의 100%

12. 임업인 재해 복구 긴급지원

사업명	금리	융자기간			융자한도	융자비율
		계	거치	상환		
임업인 재해 복구지원	1.5	15	5	10	복구지원 확정 융자한도	산림작물: 30% 임업용시설: 55%

그렇다고 누구에게나 융자해주는 것은 아니다. 지원 자격을 갖추었더라도 다음 중 하나에 해당되면 지원대상에서 제외된다.

〈지원제외 대상〉

1. 산림조합·농협·수협 상근 임직원, 공무원, 교사, 교수 및 공공기관 근무자
   가. 대출 신청시 직업보유 사실확인은 산림조합이 국민건강보험공단에 직업 보유 여부를 확인해야 함(단, 만 65세 이하에 한함)
   나. 다만 국민건강보험법에 의거 건강보험 가입 제외자는 확인을 생략함
   다. 공공기관 경영정보공개시스템 '알리오(www.alio.go.kr)' 및 '클린아이(www.cleaneye.go.kr)'를 참고

2. 산림소득분야 사업(국비, 지방비 등 매칭사업) 등 타 임업정책사업으로 지원하는 사업의 자부담 분을 종합자금으로 신청하는 경우
   가. 대출 이후 타 임업정책사업 관련 중복지원이 밝혀질 경우 대출시점부터 연체이자를 부과하여 회수
   나. 다만 자부담 비율을 초과하는 범위에 대해 융자 신청할 경우 또는 지방자치단체 등에서 보조금만 지원하는 사업의 경우 해당 사업자의 대출한도액 범위 내에서 융자 신청 가능

3. '농림축산식품분야 재정사업관리 기본규정' 및 금융기관의 여신관련 제규정에 따라 대출이 제한되는 자
   -기타 허위 또는 부정한 방법으로 융자를 신청하거나 대출금 또는 보조금 부당사용 및 중도회수 사유 등으로 사업자금지원 제한기간이 경과하지 않은 자
   -금융기관에 연체 중인 자 또는 파산 등으로 법적인 면책을 받아 회생 중인 자
   -금융기관의 대출(보증)한도 초과로 더 이상 대출이 어려운 자

-한국신용정보원의 '신용정보관리규약'에 따라 연체, 대위·변제대지급, 부도, 관련인, 금융질서문란 등의 정보가 등록되어 있는 자

4. 병역 미필자, 고등학교 등에 재학 중인 자

5. 거짓 그 밖에 부정한 방법으로 융자지원을 받았거나 받고자 한 자는 '농어촌구 조개선특별회계법' 제13조 규정에 의하여 이미 대출된 자금을 회수하여야 하며, 향후 자금지원 대상에서 제외
   * 제외 기간은 '농림축산식품분야 재정사업관리 기본규정'에 따름

위의 사항은 공통사항이다. 임업후계자가 신청할 수 있는 정책자금 12가지 모두 안 된다. 주의해야 할 점은 직업과 관련한 사항이다. 산림조합과 농협·수협의 상근 임직원이나 공무원, 교사, 교수 및 공공기관 근무자는 임업후계자의 지원에서 제외되니 주의해야 한다.

위의 공통사항 외에도 또 다른 제약이 있다.

〈귀산촌인 창업 및 주택구입 자금의 지원제외 대상〉

1. 농업 외 타 산업 분야에 전업적 직업을 가진 자
   -건강보험자격득실확인서상 가입자 구분이 직장가입자인 자
   -다만 대출금 신청 전까지 퇴직할 경우 대출금 신청 가능

2. 농업 외 타산업 분야에 사업자등록증을 소지한 자
   -다만 대출금 신청 전까지 사업자등록증 말소 처리할 경우 대출금 신청 가능

-임업인이 임야에서 임산물 및 목재를 생산하거나 그 임산물 및 목재를 판매, 가공하기 위해 사업자 등록을 한 경우는 지원 가능

3. 신청 전년도 농업 외의 종합소득금액이 3,700만 원 이상인 자
-농업 인정범위: ①임업(농업 포함), ②농업 겸업, ③수산업 겸업
-사업신청 전년도 종합소득금액이 확정되기 전인 경우에는 그 전년도 종합소득금액을 기준으로 산정
-타 산업 분야 종사자의 경우 근로소득원천징수영수증(근로자), 소득금액증명원(사업자) 등 제출
-목조주택 자금은 연소득을 제한하지 않음

〈임업인 경영자금 지원제외 대상〉

1. 농업 외 타 산업 분야에 전업적 직업을 가진 자
-다만 대출금 신청 전까지 퇴직할 경우 대출금 신청 가능
-건강보험자격득실확인서상 가입자 구분이 직장가입자인 자

2. 농업 외 타 산업 분야에 사업자등록증을 소지한 자
-다만 대출금 신청 전까지 사업자등록증 말소 처리할 경우 대출금 신청 가능
-임업인이 임야에서 임산물 및 목재를 생산하거나 그 임산물 및 목재를 판매, 가공하기 위해 사업자 등록을 한 경우는 지원 가능

3. 신청 전년도 농업 외의 종합소득금액이 3,700만 원 이상인 자
-농업 인정범위: ①임업(농업 포함), ②농업 겸업, ③수산업 겸업
-사업신청 전년도 종합소득금액이 확정되기 전인 경우에는 그 전년도 종합소득금액을 기준으로 산정

-타 산업 분야 종사자의 경우 근로소득원천징수영수증(근로자), 소득금액증명
원(사업자) 등 제출

임업후계자가 신청할 수 있는 정책자금의 종류는 총 12가지다. 이
중에서 직업에 관한 제약은 공통이다. 산림조합과 농협·수협의 상근 임
직원이나 공무원, 교사, 교수 및 공공기관 근무자가 해당된다. 여기에
귀산촌인 창업 및 주택구입과 임업인 경영자금 지원에서는 농업 외 타
산업 분야에 전업적 직업을 가지거나 농업 외 타산업 분야에 사업자
등록을 하거나, 신청 전년도 농업외의 종합소득이 3,700만 원 이상인
자는 지원에서 제외된다.

그런데 지원제외 대상은 크게 신경 쓰지 않아도 된다. 귀산촌인 창업
이나 주택 구입에 관한 지원이나 임업인 경영자금 지원은 실제 귀산촌
을 하는 경우에 해당하므로, 이런 경우에는 자연스럽게 위의 조건을 만
족할 확률이 높다. 회사를 퇴사하거나 퇴직 이후에 귀산촌을 하는 경우
가 많아서다. 여기서 주목할 점은 전문임업인 기반조성 사업의 장기수
사업이다. 이 사업으로 임야를 구입할 수 있다. 20년 거치, 15년 상환
에 고정금리 1%다.

임야투자를 하려면 임업후계자가 되는 것이 좋다. 정책자금 등의 각
종 지원이 가능하기 때문이다. 그런 다음 임야를 구입한다. 경제적 가
치가 없는 나무는 베어내고 경제적 가치가 있는 수종을 식재한다. 이렇
게 하면 시간이 흐를수록 임야의 가치가 올라간다. 나무가 자라면서 점

점 경제적 가치를 지니고, 임야가격도 오른다.

임야를 구입하는 정책자금은 35년까지 사용할 수 있으므로 35년 후에 임야를 매도해도 되고, 거치기간이 끝나는 20년 후에 매도해도 된다. 나 역시 이 과정을 준비하고 있다.

임야 매입자금 정리

임야를 매입할 수 있는 자금은 전문임업인 기반조성 사업의 장기수 사업과 귀산촌인 창업자금이다. 귀산촌인 창업자금은 세대당 3억 원까지 가능하지만 금리가 2%로 다소 높은 편이다. 그래서 전문임업인 기반조성 사업의 장기수 사업으로 신청하는 것이 좋다.

장기수 사업으로도 임야를 매입할 수 있으며 사업자당 3억 원까지 고정금리 1%로 가능하다. 2021년과 비교해서 2022년부터는 규정이 강화되었다. 첫 번째, 농업 외 소득이 3,700만 원을 초과하는 경우 농림수산자신용보증기금(이하 '농신보') 보증서 발급이 제한될 수 있다. 장기수 사업을 통해 임야 매입자금을 융자받기 위해서는 반드시 농신보에서 보증서를 발급받아야 한다. 그런데 보증서를 발급받기 위해서는 농업 외 소득이 3,700만 원을 초과하면 안 된다.

두 번째, 임야를 매입하고 1년 이내에 산림경영계획인가를 받아야 한다. 장기수 사업을 통해 임야를 매입하는 것은 산림경영을 하겠다는 의미다. 따라서 산림경영계획을 세워 관할기관에서 인가를 받아야 한다. 산림경영계획인가를 받은 임야는 5년 이내에는 팔지 못한다.

세 번째, 대출금액이 7천만 원을 넘으면 1년에 한 번 사후관리를 한다. 그래서 실제로 산림경영을 하고자 하는 경우에만 임야를 구입해야 한다. 이외에도 임야 매입에 관한 일반적인 사항은 다음과 같다.

〈임야매입·임차자금 지원(임야거래활성화 사업) 제한사항〉

1. 법령에 의하여 산림 이외의 용도로 지정 또는 개발계획이 확정되어 정상적인 임
   업경영이 어려운 임야는 제외

2. '부동산 거래신고 등에 관한 법률' 제10조에 따른 토지거래허가구역 내 임야 제외

   *토지거래허가구역: 부동산정보포털서비스 '씨리얼(seereal.ih.or.kr)'에서 확인

   가능(토지이용계획확인서)

3. 가족(배우자, 동일 세대, 본인 및 배우자의 직계 존비속·형제·자매)간의 거래는 지원
   대상에서 제외

   *다만 민법에 따라 상속순위가 후순위인 형제자매 간 또는 조·손 간의 경우에 한

   하여 세대가 분리되어 있고 동거하지 아니하는 경우 등에 대해서는 지역산림조

   합장이 정상적인 거래(매매에 한함)로 인정된다고 판단하는 경우에는 대출 가능

   *존속: 부모 또는 그와 같은 항렬 이상에 속하는 혈족

   *비속: 혈연관계에서 자기보다 항렬이 아래인 친족

4. 임야는 지분으로 매입 불가(임야 취득 후 100% 1인 소유시에만 가능)

   *공유지분으로 보유하고 있는 임야를 1인이 매입하는 경우 매입 가능

5. 임야만을 구입하는 사업계획은 대상에서 제외

   *임야에 대한 구체적인 사업계획과 자금조달 방안이 있어야 함

6. 매입하고자 하는 임야에 대해 최근 5년간 사업대상자 또는 가족(동일 세대, 배우
   자, 본인 및 배우자의 직계 존·비속)이 소유한 이력이 있을 경우 대상에서 제외

7. 산림조합중앙회에서 지역산림조합으로 예산을 배정한 이후 6개월이 경과하도록
   임야거래·임차계약서를 지역산림조합장에게 제출하지 않을 경우, 해당 대출금 수

령 불가 및 향후 2년간 임야매입자금 지원 제한

  *(협회분) 우선순위자 및 후순위자 선발 후 9월 30일까지 임야거래 임차계약서

  를 지역산림조합장에게 제출하지 않으면 해당 대출금 수령 불가 및 향후 2년간

  임야 매입자금 지원 제한

8. 임야 임차시 제한사항은 매입시 제한사항 규정을 준용

9. 대출 이후 임야를 5년 이내에 처분할 경우 지역산림조합장은 사업대상자에게 아

  래의 사항을 적용하여야 함

  -대출잔액 상환 및 중도상환수수료(담보권 설정, 감정평가 등 대출기관에서 부담

  한 수수료) 회수

  -등기부등본상 매매일을 기준으로 향후 5년간 임야매입자금 대출신청 제한. 사

  업대상자는 대출신청시 5년간 지원 제한됨을 확인 후 서명해야 하며, 토지수용

  및 이에 준하는 사유로 인해 임야처분이 불가피할 경우, 객관적 자료를 통해 입

  증하여야만 대출신청 가능

  *토지수용: '공익사업을 위한 토지 등의 취득 및 보상에 관한 법률' 및 개별 법률

  에 의거한 공익사업에 해당하는 토지의 매도

10. 사업비 확인은 '부동산 거래신고에 관한 법률'에 의한 부동산거래계약신고필증

  으로 확인하며 부동산등기법에 의한 등기부등본을 확인한 후 등기부등본상의

  기재금액으로 확인

11. 임야매입자금은 매수자의 지급위임장을 받아 정책자금 취급 산림조합에서 매도

  자 명의의 예금계좌에 직접 입금

  *단 계약금 등 매수자가 대출실행 전 부담한 금액에 대하여는 매수자에게 입금

＊계약금은 매매금액의 최대 10% 이내만 인정

12. 장기수 사업, 사립휴양시설 조성 사업으로 임야 매입시에는 소유권 이전등기 후 1년 이내에 산림경영계획을 인가받아야 함

＊1년 이내에 산림경영계획인가서를 해당지역 산림조합장에게 미제출시 해당자금 회수 조치

13. 단기산림소득지원 사업으로 임야매입시에는 소유권 이전등기 후 1년 이내에 임야 대상 농업경영체 등록을 하여야함

＊1년 이내에 해당 임야에 대한 임야 대상 농업경영체 등록확인서를 해당 지역 산림조합장에게 미제출시 해당자금 회수 조치

05

어떤 산지를
사야 할까?

산지도 가격이 오른다. 그러니 사업비의 100%를 장기저리로 지원받아서 사면 된다. 임업후계자의 요건을 갖추면 된다. 그렇다면 어떤 산지를 사야 할까? 깊은 산속의 경사가 급한 산지를 사도 괜찮을까? 그렇지는 않다. 이번에는 어떤 산지를 사야 좋은지 알아보자.

첫 번째, 공익용산지는 버려야 한다. 산지는 산지관리법의 적용을 받

〈산지의 구분〉

고 보전산지와 준보전산지로 나뉜다. 준보전산지는 개발이 가능하므로 보전산지보다 좋다. 보전산지는 임업용산지와 공익용산지로 나뉜다.

임업용산지는 임산물의 재배나 산림경영을 위한 임야다. 공익용산지는 공익을 위해 사용하는 임야로, 여러모로 좋지 않다. 개인의 이익을 위한 개발하고는 거리가 멀어서다. 공익을 위해서만 사용해야 한다. 그래서 공익용산지는 버리자. 한 번 공익용산지로 지정되면 해제되는 것도 쉽지 않다. 영원히 쓸모없는 임야로 남는다. 공익용산지인지 아닌지 여부는 토지이용계획확인서를 체크하면 된다.

〈토지이용계획확인서〉

소재지	경기도 포천시 영중면 금주리 ▆ ▆ ▎			
지목	임야 ❓		면적	20,730 ㎡
개별공시지가(㎡당)	2,440원 (2021/01) 연도별보기			
지역지구등 지정여부	「국토의 계획 및 이용에 관한 법률」에 따른 지역·지구등	농림지역		
	다른 법령 등에 따른 지역·지구등	가축사육제한구역(전부제한구역)<가축분뇨의 관리 및 이용에 관한 법률>, 배출시설설치제한지역<물환경보전법>, 산림보호구역(제1종수원함양보안림)<산림보호법>, 공익용산지<산지관리법> 성장관리권역<수도권정비계획법>		
「토지이용규제 기본법 시행령」 제9조 제4항 각 호에 해당되는 사항				

경기도 포천시에 소재한 한 임야를 토지이음에서 확인한 정보다. 위에는 농림지역, 아래에는 공익용산지라고 표기되어 있다. 이렇게 확인해서 공익용산지임을 인지하면 그냥 버리자. 미련 둘 필요 없다. 공익용산지를 버렸으니 준보전산지와 임업용산지가 남는다. 이 둘 중에는

준보전산지가 더 좋다. 그래서 임업후계자가 되었다면 준보전산지에 관심을 갖자. 그다음 임업용 산지에 관심을 가지면 된다. 준보전산지는 임업용산지에 비해 가격이 비싸다. 하지만 추후 개발이 가능하고 임업용산지보다 많이 오른다. 그래서 여러모로 활용이 가능하다.

두 번째, 북향이 좋다. 조금 의외인가? 우리는 남향이 좋다는 말을 많이 들었다. 그런데 산지는 북향이 좋다. 남향인 산지에서는 나무가 자라는 데 힘이 부친다. 반면 북향은 남향에 비해 수분이 많아서 나무가 잘 자란다. 그래서 산지는 북향이 좋다.

세 번째, 진입로가 중요하다. 산지도 활용할 수 있어야 좋다. 나무를 심어 관리하거나 임산물을 재배해서 생산할 수 있는 산지가 좋다. 이때 반드시 진입로가 있어야 한다. 해당 임야까지 접근이 가능해야 나무를 심을 수도, 임산물을 재배할 수도 있다. 그래서 진입로 유무가 중요하다. 반듯하게 도로를 접하고 있으면 금상첨화다. 임도라도 있으면 괜찮다. 임도가 아니더라도 사람이 통행할 수 있다면 아무것도 없는 것보다 낫다.

임도가 있는 산지는 차량을 이용해서 해당 임야까지 바로 접근이 가능하다. 벌목이나 수목 식재, 임산물 재배 등을 할 때 유리하다. 만약 임도가 없다면 임야의 활용 가치는 극히 낮아진다. 그래서 해당 임야까지의 진입로가 있는지 반드시 확인해야 한다. 위성지도를 활용하면 어렵지 않게 확인할 수 있다. 로드뷰로도 확인이 가능하다.

이런 산지는 어떤가? 쉽게 접근하기가 어렵다. 12시 방향에서 해당

〈산지 현황〉

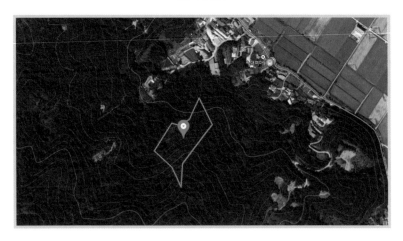

산지까지 가는 진입로를 확보해야 한다. 인근 필지의 소유자에게 동의를 구한 다음 진행하거나 옆 필지의 임야를 매수하는 방법을 생각할 수 있다. 그런데 번거롭다. 임도가 있는 산지와 비교해보면 차이가 크다.

〈임도〉

네 번째, 경사도가 낮은 산지가 좋다. 진입로 못지않게 중요한 요건이 경사도다. 진입로는 있지만 산지의 경사도가 스키장의 상급자 코스 정도라면 어떨까? 아마 걸어서 올라가기도 힘들 것이다. 그래서 용도지역과 진입로 체크를 한 다음, 경사도를 확인해야 한다.

경사도를 알고 싶다면 먼저 경사율을 계산한다. 경사율은 위성지도를 통해 확인이 가능하다. 한 가지 주의할 점은 경사율과 경사도는 다르다는 사실이다. 경사율은 비율을 의미하고 경사도는 각도를 뜻한다.

경사도를 계산하기 위해서는 먼저 경사율을 알아야 한다. 경사율은 높이를 길이로 나눠 100을 곱한 값이다. 예를 들어 임야의 한 부분이 고도차이는 50m이고 그 구간의 길이가 100m라면 경사율은 50%[17]다. 경사율을 먼저 구한 다음, 이를 우리가 사용하는 각도로 바꾸면 된다. 경사율을 경사도로 바꾸는 것은 다음 도표를 참고하자.

〈경사율과 경사도〉

경사율 (%)	경사도 (˚)	경사율 (%)	경사도 (˚)	경사율 (%)	경사도 (˚)	경사율 (%)	경사도 (˚)	경사율 (%)	경사도 (˚)
1	0.57	21	11.87	41	22.30	61	31.40	81	39.03
2	1.15	22	12.41	42	22.79	62	31.82	82	39.37
3	1.72	23	12.96	43	23.28	63	32.23	83	39.71
4	2.29	24	13.50	44	23.76	64	32.64	84	40.05
5	2.86	25	14.04	45	24.24	65	33.04	85	40.39
6	3.44	26	14.58	46	24.71	66	33.44	86	40.72
7	4.01	27	15.12	47	25.19	67	33.84	87	41.04
8	4.58	28	15.65	48	25.65	68	34.23	88	41.37

---

17 50/100×100

8	4.58	28	15.65	48	25.65	68	34.23	88	41.37
9	5.15	29	16.18	49	26.12	69	34.62	89	41.69
10	5.71	30	16.71	50	26.58	70	35.01	90	42.01
11	6.28	31	17.23	51	27.04	71	35.39	91	42.32
12	6.85	32	17.75	52	27.49	72	35.77	92	42.64
13	7.41	33	18.27	53	27.94	73	36.15	93	42.94
14	7.97	34	18.79	54	28.38	74	36.52	94	43.25
15	8.54	35	19.30	55	28.83	75	36.89	95	43.55
16	9.09	36	19.81	56	29.26	76	37.25	96	43.85
17	9.65	37	20.31	57	29.70	77	36.62	97	44.15
18	10.21	38	20.82	58	30.13	78	37.97	98	44.44
19	10.76	39	21.32	59	30.56	79	38.33	99	44.73
20	11.32	40	21.81	60	30.98	80	38.68	100	45.02

계산한 경사율이 50%이므로, 이를 경사도로 환산하면 26.58°가 된다. 이 정도면 완만한 편은 아니다. 경사도가 좀 있는 편이다.

291쪽 그래프는 우리나라 산림의 경사도별 비율이다. 15°이하가 전체 산림의 5.5%를 차지한다. 16~20°산지가 전체 산림의 13.9%를 차지한다. 21~25° 산림이 전체 면적의 20.8%를 차지한다. 25°를 넘어가는 산지는 버리도록 하자. 경사가 심한 편이다. 25° 이하의 산지는 전체 면적의 39.4%를 차지한다.

가급적이면 20° 이하의 산지를 선택하고, 부득이한 경우에만 25°까지 고려하자. 우리나라는 산지관리법에서 산지를 개발하기 위한 기준을 25°로 정하고 있다. 25° 이내에서 지역 조례로 정한다. 산지 비율이 높은 강원도는 22°나 23°까지도 개발이 가능하고, 산지 비율이 낮은 지역은 10°나 12°가 기준이 되기도 한다.

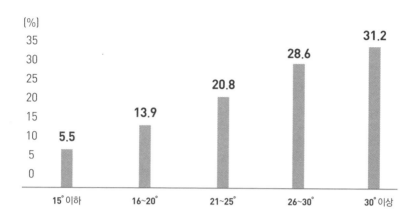

〈우리나라 산림의 경사도별 비율〉

산지는 15° 미만은 완경사지, 20° 미만은 경사지, 25° 미만은 급경사지로 구분한다. 경사지까지의 산지를 선택하고, 부득이한 경우에는 급경사지 정도까지 고려하자. 그 이상은 버리자. 25°까지는 급경사지로 구분하기는 해도, 지역에 따라 주택의 신축이나 임산물의 재배가 가능하다.

위성지도를 보고 경사율을 구할 수도 있다. 292쪽 사진의 노란색 부분은 해발고도를 나타낸다. 각종 지도에서 기본으로 제공한다. 한쪽은 해발 350m이고 다른 한쪽은 해발 400m이다. 높이는 50m, 길이는 139m다. 경사율을 계산해보면 35.9%[18]이다. 이를 경사도로 환산하면 19.81°이다. 경사지로 분류할 수 있다. 다만 이 임야의 특정한 부분의 경

---

18 50/139×100

〈경사율 계산〉

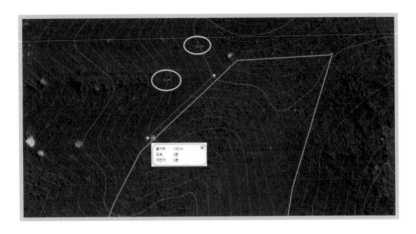

사도만을 측정한 값이다. 대체로 해당 임야에서 가장 경사가 심한 부분을 측정해보면 된다.

'임업정보 다드림(gis.kofpi.or.kr)' 사이트를 이용하는 것도 좋은 방법이다. 홈페이지 메인화면에 '필지별 산림정보 서비스' 메뉴가 있다. 여기에 지번을 입력하면 해당 임야의 각종 정보를 확인할 수 있다.

산지를 개발하기 위해서는 경사도, 입목축적, 표고 등의 조건을 충족해야 한다. 그래서 산지 개발이 쉽지 않다. 여기서는 경사도만을 언급했고, 입목축적과 표고는 다루지 않았다. 개발이 목적이 아니기 때문이다.

산지 투자의
미래

산지 투자의 미래는 어떨까? 애써 산지를 구입했는데 미래가 암울하다면 참 난감할 것이다. 산지의 가치나 가격이 계속 하락한다면 어떨까? 하지만 그리 걱정할 일은 아니다. 그 이유를 4가지로 정리해보았다.

첫 번째, 거래가 가능한 산지가 줄고 있다. 산림청에서는 여러 사업을 진행한다. 그중 하나가 사유림 매수다. 개인이 가지고 있는 사유림을 매년 산림청에서 매수하고 있다. 산림청에서는 산림자원 증축과 환경기능 제고를 위해 1996년에 국유림 확대 장기계획을 수립했다. 산지를 국가가 소유하고 관리해 쾌적한 국토를 만드는 데 기여하겠다는 의미다.

'국유림의 경영 및 관리에 관한 법률' 제18조에 따라 국유림 확대계획을 10년마다 수립해서 시행하고 있다. 이러한 계획 아래 2009~2018년에 예산 7천억 원을 투입해 사유림 10만 3천ha를 취득했다. 국유림 비율은 24%에서 25.9%로, 1.9% 늘어났다.

제2차국유림 확대계획은 2019년부터 2028년까지 제1차 예산의 2배에 해당하는 1조 3,860억 원을 투입하는 계획이다. 매년 1만 5천ha씩 10년간 15만ha의 사유림을 매수할 계획이다. 2058년까지 전체 산림면적의 35.5%인 224만ha를 확보한다는 계획도 있다. 사유림을 매수해 산림유전자원 보호, 산림재해예방을 강화하고 산림생태계를 건강하게 보호해 쾌적한 자연환경을 만들어갈 계획이다. 게다가 국민건강 및 안전 증진과 연계한 그린 인프라를 확충하고, 산림휴양 및 산림레포츠를 활성화할 계획이다.

산지가격에 영향을 미치는 데 여러 변수가 있다. 산지가격은 시장에서 정한다. 그중 대표적으로 작용하는 요소가 유동성, 수요와 공급, 경제성장률, 물가, 금리 등이다. 여기에서 유동성, 그리고 수요와 공급이 큰 비중을 차지한다.

산지가격 = (유동성 × 수요와 공급) + 경제성장률 + 물가 + 금리

유동성은 꾸준히 늘어난다. 경제성장률과 물가, 금리는 상대적으로 산지가격에서 차지하는 비중이 낮다. 경제성장률은 매년 꾸준히 성장하고, 물가는 매년 오르고, 금리는 저금리를 유지할 확률이 높다. 이 모든 것들이 산지가격을 올리는 방향으로 작용한다. 지난 기간을 돌아봐도 마찬가지다. 여기서 중요한 것은 공급이다. 공급이 늘면 가격은 떨어지고, 공급이 줄면 가격은 오른다. 산림청에서 사유림 매수 사업을 통해 사유림이 계속 줄어든다면 이는 거래 가능한 산지가 줄어들고 있다는 의미다.

임업후계자 양성 등을 통해 산지를 매수할 수요가 늘어난다면 산지 가격은 오를 수밖에 없다. 공급은 줄어들면서 산지를 매수할 수요는 늘어나기 때문이다. 임업후계자의 증가로 산지 매수수요가 늘고 있다.

두 번째, 임업경영체 등록이 가능하다. 현행 법령은 농업의 범위를 농작물재배업, 축산업, 임업으로 규정하고 있다. 농업인의 범위에 임업인을 포함하고 있는데도 농업경영체의 경영정보등록 대상에는 임야가 제외되어 있었다. 이러한 이유로 임업인의 경우에는 경영체 등록이 불가능해서 정책지원 대상에서 제외되었다. 그럼에도 지원을 받기 위해서는 농업인확인서를 별도로 발급받아야 했다. 그러다가 2018년 12월 농업경영체 육성 및 지원에 관한 법률이 개정되면서 농업경영체 등록 대상에 임야가 추가되었다.

임업경영체는 보전산지나 준보전산지에서 육림업, 임산물생산·채취업 임업용 종자묘목 재배업을 일정 규모 이상으로 경영하면 가능하다. 임업경영체에 등록하면 몇 가지 혜택이 있다. 비료나 농약, 농자재 등을 구매할 때 부가가치세를 환급받을 수 있다. 또한 농기계를 보유하고 있다면 면세유 이용도 가능하다.

이뿐만 아니라 임업경영체 등록을 통해 임업인의 자격증명이 간소

화된다. 가령 건강보험료와 연금보험료 지원 대상인 경우에는 필요한 서류를 공단에 별도로 제출하지 않아도 된다. 자동으로 조회가 가능하다. 앞으로 더 많은 지원사업들이 임업경영체 제도와 연계될 것이다.

세 번째, 입업인에 대한 직불금 제도가 시행된다. 2020년 8월에 임업인들의 소득을 보장하고, 공익적 가치를 제고해 산림의 지속 가능성을 확보하기 위해 '임업·산림 공익기능 증진을 위한 직접지불제도 운영에 관한 법률안'이 발의되었고, 2021년 11월에 국회 본회의를 통과했다.

임업직불제는 임업인의 소득 안정을 위해 매년 일정액의 직불금을 지급하는 제도로, '임산물 직불금'과 '육림업 직불금'으로 나뉜다. 임산물 생산업은 산지에서 대추, 호두, 밤, 더덕, 고사리, 오미자 등 대통령령으로 정하는 79가지 품목을 생산하는 것을 말한다.

육림업은 산지에서 나무를 심거나 가꾸고 경영하는 임업을 의미한다. 직불금을 받기 위해서는 2019년 4월 1일부터 2022년 9월 30일까지 농업경영체로 등록해야 한다. 다른 직불금을 신청한 산지, 산지전용 허가를 받거나 신고한 산지, 산지 일시 사용허가를 받거나 신고한 산지는 제외된다. 농업 외 소득이 3,700만 원 미만이고 직전 1년간 영농종사 일수가 90일 이상, 산지 소재지와 동일 또는 연접 시·군·구에 주소를 둔 임업인이 그 대상이다. 임업 직불금 제도가 시행되면 임업인의 소득 향상에 기여할 것이다.

네 번째, 유기농과 친환경에 관심이 점차 높아진다. 시간이 갈수록

유기농과 친환경 먹거리에 사람들의 관심이 높아지고 있다. 소득 수준이 높아지고 바이러스의 위협이 있으니 면역력 증진과 바른 먹거리에 관심이 많은 것이다. 임야는 유기농과 친환경 임산물을 재배하기 좋은 여건을 갖췄다. 시대적 상황을 잘 반영해서 품질 좋은 임산물을 생산하고 판로를 개척한다면 임업의 미래는 밝다고 생각한다.

산림청의 사유림 매수로 사유림이 줄고 있다. 임업후계자의 증가로 임야를 매수할 사람은 많아지고 있다. 즉 공급은 줄고 수요는 늘고 있다. 여기에 임업경영체 등록과 임업 직불금이 시행되면 임가에 대한 소득 보전도 가능하다. 사람들은 갈수록 유기농과 친환경 같은 고급 먹거리에 관심을 가지니 깨끗한 환경의 산지는 더욱 각광받을 것이다. 이러한 점들을 고려하면 산지 투자의 미래는 밝다.

노력하는 사람이
풍요로워지면 좋겠습니다

토지 투자에 앞서 먼저 목적을 정해야 합니다. 숙박시설을 지을 것인지, 공장을 지을 것인지, 원룸을 지을 것인지, 농사를 지을 것인지 말이지요. 그러고 나면 현황을 살펴야 합니다. 진입로는 적당한지 주변 환경은 어떠한지 등입니다. 그 후에 해당 토지의 서류를 살피면 됩니다. 이렇게만 진행해도 토지 투자에서 겪을 법한 시행착오를 줄일 수 있습니다. 농지연금은 경매와 공매를 활용하면 시너지 효과를 낼 수 있습니다. 한편으로 농지 규제가 강화되는 만큼, 산지 투자도 고려해볼 만한 시기입니다.

저는 토지 투자를 참으로 열심히 했습니다. 처음에는 종잣돈이 넉넉하지 않아서 1천만 원 이하의 토지에 투자했습니다. 그래서인지 자산이 빠른 속도로 늘어나지 않았던 것 같습니다.

하지만 실망하지 않고 꾸준히 투자했습니다. 자산 증식이 주된 목적이기는 했지만 그것만이 전부는 아니었으니까요. 토지에 투자하는 과정 자체가 재미있고 보람이 있었습니다. 공부하고 실천하는 과정에서 의미를 찾고 보람을 느껴야 오래 지속할 수 있습니다. 그렇게 몇 년이 지나니 제법 많은 종잣돈을 만들 수 있었습니다.

저에게 토지 투자는 목적지를 향해 나아가는 지름길과도 같았습니다. 그리고 지금은 든든한 보험 역할을 하고 있습니다. 언젠가 하락장이 오더라도 끝까지 제 곁에 있을 자산은 토지라고 생각합니다. 그래서 든든합니다.

우리나라도 선진국 반열에 들어서면서 양극화가 심해지고 있습니다. 많은 사람들이 예전보다 살기 힘들어졌다고 이야기합니다. 그럼에도 불변의 법칙이 있습니다. 바로 노력하는 사람은 풍요로워진다는 것이지요. 향후 20년간 각종 개발계획들이 잡혀 있습니다. 국토의 상당부분에 도로와 철도가 생기고 산업단지가 조성될 예정입니다. 이 과정에서 수많은 기회가 생겨날 것입니다. 이 기회들이 노력하는 독자들의 편에 설 것이라고 확신합니다.

감사한 분들이 참 많습니다. 토지 투자 책을 쓰겠다고 마음을 먹고 원고를 탈고하기까지 5년이란 시간이 지났음에도 불평 한마디 없이 기다려주신 출판사 대표님께 감사의 마음을 전합니다.

그리고 본인의 사례를 책에 수록할 수 있도록 흔쾌히 허락해준 친구 중일이, 세종 봄바람 님, 부산 김두환 님, 제 블로그를 꾸준히 구독해주시고 응원의 댓글을 남겨주시는 '시루 캠퍼스' 이웃 분들께 감사의 말씀을 전합니다. 무엇보다 저에게 큰 힘이 되고 삶의 원동력이 되는 가족에게 사랑한다는 말을 전합니다.

시루(양안성)

- 『프레임』, 최인철, 21세기북스

- 『생각의 비밀』, 김승호, 황금사자

- 『부자의 운』, 사이토 히토리, 다산북스

- 『아파트값, 5차 파동』, 최명철, 다다원

- 『나의 토지수용보상금 지키기』, 이장원 외, 삼일인포마인

- 「2022년 산림사업종합자금 집행지침」, 산림청

부록

〈전문 교육기관 현황〉

교육기관	위치	과정명	문의전화
산림교육원	경기 남양주	종묘생산관리	031-570-7432, 7431, 7413, 7322
		산림유실수 재배	
		산약초재배	
		산양삼재배	
한국임업진흥원	경북 영주	산양삼 재배기술	054-726-2532
		산양삼·산약초 CEO과정	
	강원 평창	산양삼 재배기술	
	전북 남원	산약초 재배(남원)	
	충청 부여	단기임산물 재배기술	
		임업경영·재배기술 교육	
	경기 파주	산림복합경영 기초(파주)	
	전국 거점도시	귀산촌 체험-Stay(관심반)	02-6393-2575, 2582
	전국 산촌생태마을	귀산촌 체험-Stay(정착반)	
	전국 산촌생태마을	귀산촌 체험-Stay(창업반)	
	경기 여주	법인 경영관리와 임업소득 창출	02-6393-2577
산림조합중앙회 임업인종합연수원	경북 청송	산주·임업인 교육	054-624-1024
		임업후계자 양성 과정	
		임업후계자 보수 과정	
		귀농·귀산촌 과정	
		청송임산물대학	
		수목 및 야생화 분재과정	
		우라나라 산림수목식별과정	
		전문임업인 양성교육	
산림조합중앙회 임업기술훈련원	경남 양산	영림과정	055-382-7247
		임업후계자 양성 과정	
산림조합중앙회 임업기계훈련원	강원 강릉	산림경영자 과정	033-662-5442
		임업후계자 양성 과정	
		임업후계자 보수 과정	
		산림조사·경영과정	
		임업종묘 양성과정	
		목공체험지도사과정	
		귀농귀촌과정	

산림조합중앙회 임업기능인훈련원	전북 진안	귀농·귀산촌(임업후계자 양성) 과정	063-433-6884
		임업후계자 보수과정	
		임업후계자 양성과정(중급)	
		수목관리자 과정	
산림조합중앙회 산림버섯연구센터	경기 여주	표고버섯 재배기술 교육	031-881-0231
		표고버섯 재배기술 전문가양성교육	
		목이버섯 재배기술 교육	
		버섯 재배기술 교육	
한국산림경영인협회	대전	산림경영모델학교	042-586-2986
		임업소득증대	
		귀산촌 임업인을 위한 소설교육	
		산촌에 살리리랏다(임업소득)	
한국임업후계자협회	대전	산림경영모델학교	042-626-6969
		산촌애 귀산촌 소득증대	
한국산림아카데미재단	대전	산림최고경영자(CEO)	042-471-9963
		산약초 재배기술 전문가	
		귀산촌 교육과정	
		산채 재배기술 전문가	
		버섯 재배기술 전문가	
		산촌체험지도사	
		산양삼 재배기술 전문가	
		양묘·조경수 재배기술 전문가	
		산림일자리창업과정	
경상대학교 임업기술교육정보센터	경남 진주	산림복합경영	055-772-1835
		버섯재배기술	
		임산물가공과정	
		조경수 특성화 과정	
		산촌으로 가는길	
		귀산촌을 위한 조경수, 버섯재배과정	
		임업후계자(양성·보수) 교육	

충북대학교 산림사업전문교육기관	충북 청주	산나물산약초재배기술과정	043-261-3448
		임산물가공마케팅과정	
		산림비즈니스경영과정	
순천대학교 임업기술전문교육센터	전남 순천	단기고소득작물 재배 및 유통과정	061-750-3221 061-750-3909
		귀농귀산촌 및 산림복합경영과정	
㈜임업기술한마당	서울 영등포	귀산촌을 위한 탐색과정	02-6393-2752, 2753, 2754
		귀농(임업)창업을 위한 탐색과정	
		초보자를 위한 밤나무 재배기술(공주)	
		버섯전문인력양성교육(양양)	
한국조경수협회	대전	임업소득증대(조경수재배기술)	042-822-5793
한국산림복합경영인협회	경기 양평	임업소득증대	054-822-3849
강원대학교 산림과학연구소	강원 춘천	임업소득증대	033-250-8366
강원대학교 농촌사회교육원	강원 춘천	농업최고경영자과정 임업과	033-250-8399
한국농수산대학교 산학협력단	전북 전주	산림복합경영	063-238-9745
전라남도 산림자원연구소	전남 나주	귀산촌아카데미	061-338-4251
		버섯재배교육	
		특용수재배교육	
		산약초재배교육	
		임산물가공교육	
		목공예 생활소품 제작교육	
서울대학교 남부학술림	전남 광양	단기임산물 소득증대	061-762-2808
도농문화교류 영농조합법인	충남 부여	산림융복합 비즈니스과정	041-834-7363
한국골판지 포장산업협동조합 F&P인력개발원	서울 서초	산림과 함께하는 귀산촌 교육과정	02-3474-7124
㈜랜드팜	경기 화성	임업후계자 교육	031-352-6631
㈔한국산지 환경조사연구회	경기 남양주	임업후계자 교육	031-572-1678